U0094843

從概念———開始

開始

THE CONCEPT MAKING

コンセプトの教科書

為產品、服務、企畫、行銷
生成新價值的方法

あたらしい価値のつくりかた

細田高廣
Takahiro Hosoda 著

周芷羽 譯

經營管理 189

從概念開始：

為產品、服務、企畫、行銷生成新價值的方法

作　　　者 —— 細田高廣（Takahiro Hosoda）

譯　　　者 —— 周芷羽
封 面 設 計 —— 廖韡
內 頁 排 版 —— 薛美惠
企 畫 選 書 —— 文及元
責 任 編 輯
行 銷 業 務 —— 劉順眾、顏宏紋、李君宜

總 編 輯 —— 林博華
事業群總經理 —— 謝至平
發 行 人 —— 何飛鵬

出　　　版 —— 經濟新潮社
　　　　　　　115 台北市南港區昆陽街 16 號 4 樓
　　　　　　　電話：+886(2)2500-0888　傳眞：+886 (2)2500-1951
　　　　　　　經濟新潮社部落格：http://ecocite.pixnet.net

發　　　行 —— 英屬蓋曼群島商家庭傳媒股份有限公司城邦分公司
　　　　　　　115 台北市南港區昆陽街 16 號 8 樓
　　　　　　　客服服務專線：+886(2)2500-7718；+886(2)2500-7719
　　　　　　　24 小時傳眞專線：+886(2)2500-1990；+886(2)2500-1991
　　　　　　　服務時間：週一至週五上午 09:30-12:00；下午 13:30-17:00
　　　　　　　劃撥帳號：19863813；戶名：書虫股份有限公司
　　　　　　　讀者服務信箱：service@readingclub.com.tw

香港發行所 —— 城邦 (香港) 出版集團有限公司
　　　　　　　香港九龍土瓜灣土瓜灣道 86 號順聯工業大廈 6 樓 A 室
　　　　　　　電話：(852)25086231　傳眞：(852)25789337
　　　　　　　E-mail: hkcite@biznetvigator.com

馬新發行所 —— 城邦（馬新）出版集團 Cite(M) Sdn. Bhd. (458372 U)
　　　　　　　41, Jalan Radin Anum, Bandar Baru Sri Petaling,
　　　　　　　57000 Kuala Lumpur, Malaysia.
　　　　　　　電話：+6 (3) 90563833 傳眞：+6 (3) 90576622
　　　　　　　E-mail: services@cite.my

印　　　刷 —— 漾格科技股份有限公司
初 版 一 刷 —— 2024 年 11 月 14 日

I S B N —— 9786267195789 、9786267195796（EPUB）　　版權所有 · 翻印必究

定價：450 元

前　言

概念的生成

　　本書是為了「生成」概念而寫的教科書。從如何構思，到如何讓構想更加茁壯，並化為有形詞彙。從最初的第一步到完成為止，這一連串的過程將彙整成一套體系。即使是至今都被視為只能靠「靈光乍現」，或是只能靠「才華」來彙整的主題，都會謹記盡可能以最具體的方式進行說明。

　　即便是對於第一次學習或是自認不太擅長的人，只要依照順序進行思考，就能創造出有效的概念（可以的話，請盡量堅守這個原則）。應該能讓讀者在閱讀時感受到，原來創意的思考與詞彙的運用是很有趣的。

　　曾以自身經驗建立起概念的經驗者，或許會認為「現在這時候才要從基礎開始學習也太晚了」。但是，概念的建立和棒球有其相似之處，只是仰賴天賦的話，成果其實會變得不穩定。藉著重新學習基本動作，應該就能更穩定地發揮自身能力。

　　此外，在思考「概念」之際不可或缺的洞察（insight）、願景（vision）、使命（mission）和目的（purpose）等源於英語的相關概念。在這本書中，包含實務上如何建立的方式，也都會詳細解說。即使是為了全面性理解關於詞彙與經營，應該也是很有幫助。

　　或許有些讀者會認為，這些教科書與命名的由來這些前言差不多就好，趕快進入學習的過程才是正解。不過，確實地理解目的，才能確實提升學習效果。因此請容我簡單說明，關於在現在這個時代學習概念的意義，以及本書完稿的過程。

沒有不需要概念的工作

事實上，直到最近，日本社會還是很難說已經充分理解概念之所以重要的真正涵義。日本社會依舊被「低價製造良品」這樣的通縮型成功模式束縛，因此會不自覺避開需要構思新價值的工作內容。結果，日本的優勢，僅侷限在可以通用「物美價廉」這個概念的零組件產業等一小部分領域。就從這一點開始如何？讓所有的產業都開始追求具備創意思考的人才。

對於仍然認為，概念的建立，是一小部份的人特殊性工作的思維，應該可以斷言是舊時代的產物了吧。創業家或開發者或創意工作者想當然爾是概念建構者，對於一般上班族而言，將幻想訴諸於詞彙的表達能力，也是必備的技能。在要求社會人士具備開創性的時代，要說概念是必修基礎科目也並非言過其實。

大數據、人工智慧（Artificial Intelligence，AI）、數位轉型（Digital Transformation，DX）、區塊鏈（block-chain）、WEB3.0、量子電腦等技術主題不斷推陳出新，受到熱議之後又逐漸消失。但不論接下來會出現怎樣的新科技，商業面的本質課題依舊不變。提問就只有：「是為了誰、創造什麼呢？」

詞彙是萬物的雛型

全新的產品、服務、內容、解決方案、事業。想要建立一個在當今世界上尚不存在的「什麼」的時候，能精確形容那個「什麼」的詞彙，同樣地也尚未出現在這個世界。如果無法說出來的話，不僅無法深度思考，甚至連要和夥伴討論都不可能。因此創造新事物的人，最重要的是，先創造出新的詞彙。

或許有人會質疑，真的所有的工作都需要用到詞彙嗎？也可能會有人會反駁，總有一些業態是從非詞彙能力為起點的吧。但

是，就算品味或感覺是重要的項目，只要仔細研究創造的過程，應該就會注意到，在新事物的開端，語言即扮演關鍵的角色。

例如日本代表性的服裝品牌三宅一生（Isscy Miyake），目標就是成爲「**超越東洋與西洋的全球通用服裝**」，並以「**一塊布的成衣**」爲品牌概念，不斷製造衣服。由身體與布料創造的空間輪廓，每當活動身體之際，肌膚所感受到布料質地的舒適。而那是由一塊布到製造出立體的成品，藉此提出「普世著裝」。以 Pleats Please 爲首的創新服裝的起源，曾經是深奧而簡約的詞彙。即使是創業者在過世之後，「一塊布成衣」的概念仍由後起之秀的設計師們繼承，並透過各自獨特的解讀，實現更進一步的發展。

即便是在時裝產業，也有一家證明可透過企業自身立場，建立起深植人心的品牌形象，那就是以「**極度透明**」爲概念的美國時裝品牌 Everlane。面對可以說是業界黑幕的不透明價格設定策略，以及造成環境負荷的大量丟棄問題，Everlane 堂堂正正地與之直球對決，將一切都攤在陽光下，而獲得年輕世代的支持。

曾經固步自封的香水產業，爲香水業界帶來新風氣的馥馬爾**香氛出版社**（Frederic Malle），其品牌概念是香氛出版社。讓過往扮演無名推手角色的調香師曝光，讓品牌由才華洋溢的調香師擔任編輯者的角色，重新定義。隨著大眾行銷（mass marketing）不斷演進，曾經認爲只要被萬人接受的香氛即爲王道商品的產業，再度因帶入個人特色與新刺激而獲得成功。

以建築來說，位於金澤市中心的金澤 21 世紀美術館是一個好案例。在玻璃 360 度環繞的開放式建築中，讓行人不論從任何方向來往都能穿越的設計，因此該座美術館並無所謂的「背面」。不僅是藝術愛好者，也廣受市民喜愛的這個場所，「**就像一座開在城市中公園般的美術館**」的概念也應運而生。

就連設計與平面圖等視覺效果扮演關鍵角色的業界，其本質部份的設計也是由詞彙傳達。更不用說，在對於邏輯性溝通更加

要求的業界，概念的重要性可見一斑。

　　究竟是產品還是服務？硬體還是軟體？民間企業還是政府機關？隨著商品與主體的不同，產生的過程也有極大的差異。但是對於優秀的製作者而言，共通點是在於擅於活用概念。從一無所有之處到創造新詞彙，是需要不斷對事業夥伴、顧客提案、討論，毫不吝惜地加以破壞，再重建。概念是不花任何一毛錢的試驗品，也就是扮演雛型的角色。

▌涵義比功能更能讓人埋單的時代

　　擁有概念思維的人，在今後的社會無疑變得更加重要。原因在於，隨著產業結構的變化，對於概念的要求水準日益提升。斯德哥爾摩經濟學院（Stockholm School of Economics）的羅伯托・維甘提（Roberto Verganti）教授指出，現代社會除了要求技術或功能性之外，更追求「有涵義的創新」。

　　維甘提教授所舉的例子是「蠟燭」。隨著燈泡問世，蠟燭當成驅散黑暗的功能性角色也迎來結束。在我們的認知中，蠟燭的照明功能，最多就是停電時的備品。然而，蠟燭的營業額卻自 2000 年代開始，在諸多先進國家中不斷成長。究竟是為什麼呢？因為現代人為蠟燭找到了取代「點燃照明」的意義。在電力驅動的時代，「蠟燭」的稱呼轉變為 Candle，以「製造溫暖氛圍的用品」或是「享受香氛的用品」的定位，留存於市場。甚至還有比採用最先進技術的 LED 燈泡更昂貴的 Candle。這種價值逆轉的現象，對於只將技術的進步視為「創新」的構想而言，是永遠無法理解的。

　　在功能或規格已經成熟的市場中，涵義逐漸變成消費者埋單的重點。像這樣的變化，現在也逐漸影響到諸多產業。

所謂「讓詞彙為其服務」的構想

　　概念的建立對於提高日常業務的生產力也會帶來正面影響。若能建立發揮功能的概念，就能讓模糊的想法更加明確地傳達給夥伴吧。概念經口耳相傳逐漸散播，可能在你並未參與的公司內外會議中引起熱烈討論，或是誘發新的構想也說不定。向決策者報告也會提高概念的成功機率。因為提案要求的是像「執行摘要」般簡潔並且切中要點的內容。甚至在那之後，概念會成為行銷的起點，化身成廣告或商品，送至消費者身邊。

　　在團隊建立、談判、發表、行銷之中。概念獨自遊走於各個情境，將工作完善處理。對於因忙碌而沒時間思考新想法的人而言，學習概念的建立是有好處的。就像投資家讓金錢為其創造利益，企畫者也應該更善用詞彙為其發揮利益。

概念也有框架

　　創意與生產力。兩種都是概念建構的關鍵，但還是很常聽到，來自那些認為是時候學習的人們「不知道該從何處開始」的煩惱。即使被問到有沒有推薦的書籍，通常還是會語塞。因為我手邊多數的書籍，幾乎還是聚焦在特定的用途，或是哪位人士分享自身僅只一次的成功經驗。

　　但並未找到可以廣泛運用在多種商業情境的學習體系。難道沒有一本書是可以讓讀者徹底學到概念本質的教科書嗎？比誰都還要拚命找尋這類書籍的人，大概就是我了。

　　我曾經在廣告公司擔任創意總監（creative director）和文案撰稿人（copywriter）的工作。由於是廣告公司，當然主要業務是以製作廣告為主，但並不只是如此。從 2000 年代中期之後，多半在檢討廣告或公關計畫之前的更早期階段，就會被企業叫去開

會。在製作廣告時，要是還在苦惱「沒有可傳遞的價值」就太慢了。概念思考，就是應該要融入商品或服務之中。注意到問題本質，而將需要文字化決勝負的關鍵局面，提前到更上游階段的企業主愈來愈多了。

當時，通常會將課題全權交由開發現場決定，就算是被告知要先建立概念時，也總是感到困惑。畢竟根據企業或產業類別的不同，商品‧服務的開發風格也大相逕庭。從每一家企業所獲得的知識與經驗，也不一定如此剛好適用於其他的企業。也因此，每次遇到新的專案，也只能嘗試完全不同的途徑。

某個化妝品品牌的研發，是從在該品牌的研究所中被教導新技術開始的。首先，要能正確理解實驗數據。有了這個基礎之後，就會開始思考，這樣的技術能解決誰的什麼煩惱，能提供怎麼樣的便利性，如此逐漸彙總成一個概念。

也有從生活者的居住環境為出發點的家電開發專案。透過對於生活型態的觀察所注意到的細節，到建立概念的假設，便能即刻著手建立雛形。因為 2010 年代前期引起熱議的設計思考風潮，一時之間，這樣的因應方法快速增加。

在某家 IT 企業的新事業開發計畫中，是將負責創建新事業的領導者的想法，彙整成事業願景，並從願景反推引導建立事業概念。在尚未看出特定技術的發展以及使用者輪廓的階段，也只能以個人想法做為支柱了。

和新創企業合作又是完全不一樣的境界。隨著事業成長，必須迅速更新概念。在不斷學習新詞彙之餘，也能讓商業模式逐漸成形。是個極為要求彈性的環境。

面對不同產業的不同主題，經歷無數成功與失敗的經驗。那些日子在不知不覺間，似乎成了最佳的「概念研究」機會。只要一理解基本的原理原則，對於當初彷彿站在泥濘不堪的地面那般的不安惶恐中，寫下概念的我而言，也逐漸能帶著堅定自信提案。

▍ 所謂「品味就是一切」的誤解

當協助的企業詢問：「能否擔任公司內部關於概念建構培訓的講師呢？」第一次受理相關諮詢，就是在那個時候。不僅是因為我對於委託者的動機，不論是經營還是開發，是行銷還是銷售，對於「所有的商業人士，都必須成為詞彙的專家」有高度共鳴，也將原本只為自己所用而製作的框架為基礎，決定做為挑戰這堂培訓課程的開發規畫。從那之後回過神來已經超過 10 年，我也在各式各樣的企業與社會大學等教授概念建構的課程。難道沒有更好的傳達方式嗎？要如何讓上課的學生更能感受到在建立概念的實效呢？我獲得來自超過 2000 位學生的回饋，不時更新授課內容。

本書就是將其成果彙整成冊的內容。當然，由於這是從上過相關課程的商業人士或學生的真實心聲獲得的提示所完成的，因此某種程度說是共同執筆也不為過。拜其所賜，我能夠自負地說，我完成了一本不偏重特定產業或職業的通用內容。

在開始授課之後，我才驚覺很多人深信概念是「沒有品味或才能就寫不出來的東西」。這真的是天大的誤會。如果你一直認為自己不擅長建立概念，那既不是因為沒有品味，也不是因為沒有才能。只是單純不知道「框架」而已。事實上，我自己就有好幾次經歷是，親眼看到那些起初完全寫不出概念的人，在理解框架的瞬間說出「什麼嘛，原來只要這樣做就可以了」，便開始設計出讓周圍驚呼的概念的情景。

當然，不論是怎麼樣的類型，框架本身還是有其極限。畢竟這世界上並不存在，只要會一套就可以完美解決所有的魔法工具。假設有一天遇到了框架的極限，那也是你學會相應程度技術的證明。反過來說，本書確實發揮了它的角色。

▌獻給那些想要改寫現實的人們

當學會概念建構的基礎之後，之後在規畫新事物的作業上應該會變得比現在還要享受吧。心中會不斷浮現「如果能過這樣的生活不是很好嗎？」「要是能變成那樣的社會就好了」。那樣的話，即使是說出來會被當成笨蛋的妄想，只要能組織成一段說服力十足的故事，或是濃縮成一句標語的瞬間，周遭的反應就會有所改變。開始有人主動加入希望共同實現，或是希望投資你的人紛紛出現。不知不覺擁有一票忠實的使用者或粉絲追隨。就這樣，以概念為名的設計圖逐漸變成現實。可以說本書的終極目標，就是讓讀者能體會一次「那種」感覺而寫的。

本書的內容，成為了過去的自己極度渴望找到的概念教科書。希望能將本書，送給即使是在這個瞬間，為了創造新事業、研發新產品、推出新服務、產製新內容等各種形式的創新價值而奮鬥的人們手中，希望能多少帶來一些幫助，那就好了。

在正式進入主題之前，先解說本書的結構。

第 1 章	第 2 章	第 3 章	第 4 章	第 5 章	第 6 章
所謂概念是什麼呢？	引導概念的「提問」製作法	以顧客觀點設計的「洞察型故事」	以未來觀點設計的「願景型故事」	將概念寫成「一句話」	將概念「最佳化」

1

本章說明概念的定義和條件。概念是什麼、不是什麼？如何分辨好的概念和不好的概念。不僅是用腦理解，一起朝能清楚向周圍的人說明的目標努力吧。

第 2 章

解說「提問」的製作方式。為何不是答案，而是要從提問開始呢。那是因為提問，會為我們對於人事物的看法設下規定。在本章，也可以學到如何透過改變提問方式獲得新觀點的重構（reframing）手法。

第 3 章

對於提問的回答，是一邊「設計」故事一邊思考的。在第三章，可以學到「洞察型」的故事設計。是以顧客心理性矛盾為起點進而建立故事的方法。

第 4 章

關於「願景型」的故事，主要是從企業或品牌想要建立的理想未來願景反推回來加以設計。究竟是窺探人的內心深處的洞察型。

還是預測未來的願景型呢。運用兩片鏡片，建立起具有深度的概念。

第 5 章

本章說明「關鍵一句話」的過程。如何轉化成精準又有效果的關鍵片語的順序，配合基本的文案結構加以說明。為何會被稱為「詞彙的品味」，只要充分將其當成技術學起來的話，應該就會明白了。

第 6 章

本章是學習「最佳化」的概念。透過運用各式各樣的商業文脈，準備高度通用性的格式。①商品・服務開發、②行銷溝通開發、③組織的概念開發，這三種為中心進行說明。

結 語

最後的常見 Q&A，統整我在相關課程中經常有人問到的問題並答覆。

從提問開始，設計故事，轉化為關鍵一句話，最後彙整成一張紙。本書的結構，就是依照建立概念的順序設計。想要學習整體流程的讀者從最一開始閱讀。想要尋找對於進行中的案件有所助益的提示的讀者，請在閱讀第一章內容之後，選擇必要的章節閱讀，應該就可以了。

另外，從第二章之後，過程中有安排一些小小的實作練習，增加思考的機會。雖然每個作業都有標記預設完成的時間限制，就算是以十分鐘完成，有耐心的話就算是花一個星期也無所謂。只要是時間允許，請一邊動腦和動手、一邊閱讀。

關於本書列舉
用以說明概念的案例

　　本書中將大量列舉實際發生的概念案例進行說明。其案例散見於已公開的書籍、論文、報導、當事者本人訪問之中，因此出處請參照本書最後列出的參考文獻清單就能找到。

　　在案例的選擇方面，優先重視的是「確實性」而非「嶄新」。本書選擇的是，當概念被具體化之後，經過一定的時間發展，評價已確立的案例。話雖如此，本書所介紹的企業、商品或服務，多數現在仍繼續發展。可能在未來獲得更顯著的成功，反過來說，說不定也可能發生負評（基於作者以及使用者立場而言，都祈禱不要發生這種情況）。此外還有一種可能是，這些案例之後的發展，和在本書中所說明的脈絡，朝向完全不同的方向發展的「預測失準」。像這樣的風險，也是在處理以現代商業為主題的著作中無可避免的一環。

　　但是，我有絕對的自信，認為本書所介紹的案例，不論是在什麼場合，都有學習的價值。如果是能打動人心，推動市場改變的關鍵角色的案例，那麼極可能是發現了什麼卓越的概念原理才能辦到才對。

　　此外，即使最後評價發生變化，也請務必考察轉變的理由，從不同的角度學習，這點是絕對沒錯的。

目次

第 1 章 ｜ 所謂概念是指什麼呢？

1-1 概念的定義 ——— 23

1-2 基於概念而產生的價值設計 ——— 34

1-3 可發揮作用的概念條件 ——— 40

1-4 和概念似是而非的東西 ——— 51

第 1 章 ｜ 總結 ——— 54

第 4 章　以未來觀點設計的「願景型故事」

第 **6** 章 ┃ **讓概念「最佳化」**

第 **1** 章

所謂概念，
指的是什麼呢？

這世界上再也找不到比概念更「任性」的商業用語了。就算被問到定義是什麼，幾乎所有的人都難以回答。CONCEPT 的語源，據說是拉丁語「掌握」的意思。話雖如此，概念這個詞彙本身，卻沒有讓人得以掌握的部分，是滿諷刺的。

所謂概念，究竟發揮了怎麼樣的功能呢？好的概念和不好的概念的差異究竟在哪裡呢？第一章的終點，是在於理解概念的基本。首先讓想像隨著音樂與旅行自由馳騁，再探究概念的角色與定義吧。

1-1

概念的定義

▌搖滾史上第一張概念專輯

《比伯軍曹寂寞芳心俱樂部》（*Sergeant Pepper's Lonely Hearts Club Band*，以下簡稱為《比伯軍曹》），是披頭四（The Beatles）在 1967 年 6 月發行的第八張專輯名稱。這張在葛萊美獎獲得四項大獎，全球累積銷量達三千兩百萬張的專輯，不少人推崇為披頭四最高傑作。自從 2003 年該專輯拿下《滾石雜誌》（*Rollin'Stone*）年度「歷代最佳專輯 500 選」的第一名之後，仍長年維持前幾名的成績。

既然提到《比伯軍曹》，那麼**「搖滾史上首張概念專輯」**便是必不可少的形容詞。儘管「史上第一張」這個部分仍有不同意見。像是在《比伯軍曹》發行之前就有類似的專輯存在等評論。相反的，若是考量到這張專輯的完成度或歷史性的影響，也會有擁護意見認為「披頭四就是史上第一人無誤」，似乎很難爽快做出定論。但是，若說這張專輯是賦予「概念專輯」意義的代表，這樣的主張應該不會有疑慮才是。

本書想要聚焦的是，「概念」這個詞彙會被使用的脈絡。正是因為大膽強調「概念專輯」，表示這是一張確實與一般專輯有明

確不同之處的作品。那麼，這不同之處是表現在哪裡呢？

這裡不賣關子，不同之處就在於專輯的「**一貫性**」。在概念專輯這樣的概念出現之前，所謂的專輯，不過是集結諸多單曲的歌曲集。在那個，將毫無關係的歌曲集結而成的作品稱之為專輯的時代，披頭四製作出了一張，隱含貫穿整體的故事的專輯。

圖 1-1：披頭四專輯《比伯軍曹寂寞芳心俱樂部》封面

出處：https://www.universal-music.co.jp/the-beatles/products/uicy-15600

建構起整張專輯框架的，是設定一個名為「比伯軍曹寂寞芳心俱樂部」的虛構軍樂團，舉辦一個慶祝成立 20 週年的表演。做為專輯同名歌曲的第一首，就從參加慶祝演出的觀眾的喧嘩拉開序幕，甚至收錄成員介紹、掌聲與歡呼聲。這樣的演出對於當時的聽眾而言，可說是一大驚奇。

封面的藝術設計也很有獨特性。以扮演軍樂團的披頭四四名成員為中心，旁邊一字排開的是巴布·狄倫（Bob Dylon）、瑪麗蓮夢露（Marilyn Monroe）、精神科醫師卡爾·榮格（Carl Gustav Jung）、作家埃德加·愛倫·坡（Edgar Allan Poe）、經濟學家兼哲學家的馬克思（Karl Marx）。

其設定是，在演出結束後，披頭四與到場的名人嘉賓合拍一張紀念照片。此外，為了傳達這張專輯的設定與故事，當時還做出在封面印上歌詞的創舉。在當時的歐美樂壇，廣發

歌詞這個舉動本身並不常見。

　　而在專輯的銷售態度上也保有一貫性。當時，一般而言會在發行專輯前後賣單曲。但是，披頭四的《比伯軍曹》收錄曲，一首都沒有分拆成單曲形式發行（當時有唱片公司因故分拆單曲的案例）。由此可見披頭四是多麼重視整體性。

　　若是查閱字典，關於「概念」這個詞彙的說明是，「**貫穿整體的嶄新觀點**」（《明鏡國語辭典第二版》[1]）。如果將概念專輯的定義記在心上，應該不會覺得披頭四的專輯有哪裡不對勁，是能理解的吧。以語源「掌握」之意爲出發點的概念，意即「貫穿」諸多不同要素的觀點。

圖1-2：字典查詢關於概念的定義

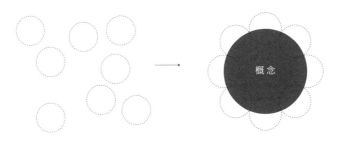

所謂概念，就是指貫穿整體的嶄新觀點
（出處：《明鏡國語辭典第二版》）

概念

　　在《比伯軍曹》中所追求的是，用一個觀點就可貫串整體表現的可能。在披頭四之後的音樂家們，更是擴大這個「整體」的概念。不僅是專輯本身，還延伸到現場演出、服裝、言

1　明鏡國語辭典第二版，作者爲北原保雄，是大修館書店於 2011 年出版。ISBN：9784469021189

行舉止，做曲的過程。將製作者的人生一切，像編織一段故事般做成歌曲，已經成為當今音樂產業的常識。從僅只販售聲音的「音樂家」，到以音樂為核心銷售整體世界觀的「藝人」。位居這變化核心的，就是概念思考。

至此都是在解說關於「概念」的一般定義。隨著繼續往下閱讀，請將圖 1-2 的模型記在腦中。概念其實就是擔任集結四散各地的各種構成要素的中心角色。

接下來我們將開始思考在商業場景中的概念。關於商業，什麼樣的詞彙是能位居圓心，成為「貫穿整體的嶄新觀點」的效果呢？

▌改變旅行意義的 Airbnb

現代的創業家們，就像是藝人。但絕對不只是穿著 T 恤般休閒的服裝，任由鬍鬚生長，搭乘商務噴射客機到處移動，這樣的表象。而是指，透過概念撼動人類價值觀的態度，與藝人有共通面的意思。

正逢《比伯軍曹》問世後 40 年的 2007 年，從美術大學畢業搬到舊金山的布萊恩·切思基（Brain Chesky）正抱頭苦惱中。因為灣區的物價高昂，恐面臨繳不出房租的窘境。他想到一招苦肉計，就是將閒置的房間透過網路出租的點子。布萊恩在與室友的合作之下，招攬了接受三張空床與只附早餐的住宿客。為了發布出租公告所建置的網站名稱，就是 AirBedandBreeakfast.com。即現在為世人所知的 Airbnb 的由來。

原本應該是賺個零用錢的商業模式，轉眼間開始獲得關

注。在美國，舉辦總統大選演說或音樂節活動等大規模活動的城市，經常會發生旅館一房難求的情況。而 Airbnb 就是著眼於，因舉辦大型活動產生的旅宿難民們的需求，提供解方。

但是，這樣的成長速度很快就碰到天花板。並不奇怪。因為早就有其他類型相仿的服務存在，而且不少人原本就對於住在他人家中有心理障礙。為了成為消費者心中主動選擇的住宿品牌，對 Airbnb 而言什麼是必須呢。布萊恩的團隊，是從這個階段才開始思考何謂「事業概念」。

在思索過程中的布萊恩，突然想到最一開始的三位住宿客，凱薩琳、阿摩爾以及麥可的事情。布萊恩當初並不只是單純讓這三位住進房間而已。而是帶著三位房客前往當地頗受好評的咖啡店，或是夜晚在酒吧中一起喝酒。當初原本是陌生人的三位房客，在離別之際早已變成朋友。正是有這最原始的體驗，讓布萊恩開始察覺，這或許就是 Airbnb 真正擁有的價值。

同一時間，團隊花費數個月的時間，從世界各地選出約五百位使用者，針對服務內容開始訪談。在訪談過程中，團隊很快就注意到從使用者頻繁提到的詞彙。那就是包含「**容身之處**」、「**歸屬**」、「**成為其中一員**」這樣意義的**歸屬**（Belonging）。認識這個詞彙的機遇，帶給布萊恩在思想上更加明白清楚的輪廓。

在世界各地不論造訪哪個城市，都能保證享受到相同品質的連鎖飯店住宿體驗，這確實非常吸引人。但 Airbnb 提案的是，能提供與在連鎖飯店截然不同的住宿價值。在紐約，可以獨佔蘇活區中小巷弄的閣樓，在南法可以租借獨棟的農家。就像居住在旅遊目的地一樣度過時光，融入當地的文化，有時和當地人交流，交新朋友等等，Airbnb 提供的是這樣的體驗。而這些都是，從金太郎糖果般千篇一律的旅行計畫中遺落的，一

種享受旅行的方式。

布萊恩決定將「**全世界都是我家**」當成企業概念。只是，並不是「前往（Going）不同的城市，也不是「旅行（Traveling），更不是「停留（Staying）。而是「**尋求歸屬**」（Belonging）。對 Airbnb 而言，以及這趟旅行本身，這就是產生全新意義的瞬間。

布萊恩將決定概念當成契機，決心要把 Airbnb 從「科技公司」轉變為「眞心款待的公司」。將一項服務導入新的國家之際，就算手續很麻煩也很花錢，首要之舉還是要派遣工作人員到當地，打造一處對 Airbnb 理念有所共鳴的房東社區（host community）。在這裡要重複強調的是，房東所提供的，並不是物理性的屋子（house），而是當成家人歸處的家庭（home）。

此外，當成象徵概念的服務，也開啓嶄新的「體驗」（experience）。這是指由當地的居民擔任導遊，帶領旅客享受只有當地才能體驗到的服務。例如在日本旅遊，在當地的大眾澡堂泡湯之後，到附近的居酒屋吃飯等等，提供只有當地的朋友才能提供的體驗服務。

2014 年，Airbnb 為了讓更多人了解其概念而進行品牌革新。新開發的象徵標記，是以 Belonging 的起頭四個字母 Belo 為名，並將人與地方與依戀納入「全世界都是我家」的概念為象徵（圖 1-3）。

事實上，在 Airbnb 發表概念和標誌（logo）的時候，在粉絲之間也出現正反兩極的評價。對於概念拋出諸多疑問，例如「感覺很嬉皮」、「只不過是理想主義」、「大家只是想要省錢而已」等。對於新標誌也有不少毒舌批評，例如「無法聯想到旅遊住宿」。然而，隨著全世界使用 Airbnb 服務的人愈來愈

圖1-3：2014年 Airbnb 全新象徵標記的解說插圖

出處：https://design.studio/work/air-bnb

多，批判的聲音不知何時逐漸消失。相反的，現在不論是概念還是標誌，都成為全世界新創企業的範本。

　　在概念發表之後，Airbnb 達成了驚人的成長。2020 年 12 月上市之際，正是籠罩在 COVID-19 的影響中，Airbnb 創下市值超過十兆日圓的紀錄。不論在什麼時代，人們總會透過旅行和誰邂逅，想進一步和誰有所聯繫。當世上人際關係變得淡薄，許多先進國家的單身世代快速增加。能感受到自己有歸宿，是益發珍貴的事情。Airbnb 雖然是在數位世代中誕生的，相對嶄新的公司，但這樣的概念其實扎根於人類最根本性的欲望。也因此，才能成為引起全世界共鳴的品牌。

▍只要寫出來，就是概念嗎？

　　「全世界都是我家」這樣的標語，不一定稱得上是什麼名言佳句或是優美的文案。英語只要用一個單字 **Belonging** 就能表達。但是，Airbnb 為何會推測，對於這世界而言不可或缺，沒有比這更重要的存在意義了。事實上，在這句標語當中，就

已經濃縮了現代概念必要的元素。

　　一般對於概念的定義說明，是「貫穿整體的嶄新觀點」。在現代的商業，要掌握發展過程的核心，就在於「**為了什麼而存在**」這句話。例如，在電力時代中，為何蠟燭會存在呢？為何會以太空為目標呢？為何要喝咖啡呢？為何要聽音樂呢？為何穿那件衣服呢？為何要讀那本書呢？為何要住在別人家裡呢？所謂**概念的生成，就是創造全新的意義**。

圖 1-4：概念的生成

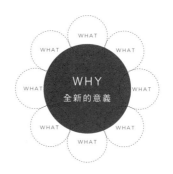

概念的生成，
就是創造全新
的意義。

　　曾經有過那段，在二十幾歲考慮結婚、買汽車、買房子是理所當然的時代。要和誰結婚，或是買哪輛汽車，買什麼樣的房子等，就算有這樣的選擇煩惱，但幾乎沒有人會用「這真的是必要的嗎？」質疑選擇這個行為本身。如果有一種規則是，不論哪一個人都必須從各項分類中選擇一種加以競爭，就只有做出差異化才會成為爭論點。結果，能簡明扼要地彙整和其他相異的特色功能或規格，就被稱為概念。

　　在現代，情況已經有很大的不同。就舉結婚為例，已經不再是人生必要的前提條件。社會大眾也逐漸同意有「不結婚的幸福」。以汽車而言，也有共享汽車或叫車 App 等替代方式，

一應俱全；就算是要找一個家，不受居住地點束縛的自由生活方式，近年也開始受到矚目。在時裝產業，討厭繁複也討厭差異化的極簡穿搭風格 Normcore，受到先進國家消費者所支持。在酒類市場，反而享受不喝酒樂趣的 Sober curious 生活型態，也逐漸形成不容忽視的趨勢。

人們在「要買什麼」之前，總是會想要知道「為何而買」的答案。因此，商業發展的重點也就不是在於「那是什麼」（WHAT），而是「為了什麼而存在」（WHY），也就是必須**以存在的意義當成核心構思**。

▍概念的機能與定義

那麼，創造全新意義的概念，在商業上又有什麼功能？概念在商業上的三個功能分述如下。

首先第一項功能，是提供一個明確的「**判斷基準**」給所有相關人員。要製造出什麼的作業流程，是無數個連續的決策所形成。在這過程中，概念就是獨一無二的判斷基準。在缺乏概念的情況下，決策基本上只能由一般認知的合理性，或是成本之類的數據進行判斷。結果，因為有了前例，所以變成總是量產低價製造的產品。

第二點，是讓製造整體有「**一貫性**」。從大方向到細節的決定，要是沒有概念的話，就無法達到整合性。缺乏明確概念的品牌、商品以及服務等，總讓人覺得哪裡「不一致」的印象。

以及最後就是，顧客之所以付出「**相應報酬**」的原因。「一家企業賣出一百萬枝四分之一英吋的鑽孔機，然而，顧客並非想要鑽孔機，而是想要有四分之一英吋的孔洞。」這是經營學家西

奧多‧李維特（Theodore Levitt）的名言。不是產品本身，而是理解產品存在意義的概念，這才是構成顧客願意付費的理由。

圖1-5：商業上關於概念的定義

概念，是價值
的設計圖。

1. 成為判斷基準

2. 賦予一貫性

3. 成為支付報酬的理由

成為決策的判斷基準、為整體賦予一貫性、成為消費者願意付費的理由。這就像是建築的設計圖一樣，成為相關人士心中的圭臬。對於創作者而言，所謂概念，可以說就是「**價值的設計圖**」。

▌ 意義、價值與《蒙娜麗莎》

既然要說明概念，不可避免地會使用到「意義」與「價值」這兩個詞彙。從學問的角度來說雖然有各式各樣的論述考證，但在本書中就簡單以「意義優先於價值」的立場來活用這兩個詞彙。在了解這一點之後，就來介紹有助於理解的小故事吧。

說到達文西（Leonardo Da Vinchi）的《蒙娜麗莎》，是以羅浮宮（Louvre）的鎮宮之寶而揚名世界。不僅在畫的縱深呈現真實性的空氣遠近法，或使用反覆層疊的色彩使輪廓線柔和且模糊的暈塗法等，運用諸多技巧繪製而成的李奧納多‧達文

西的傑作。然而，這樣的高評價僅限於專家之間流傳。當時可從未想像到，會變成現在這般廣為人知的，價值連城的畫作。

《蒙娜麗莎》出名的契機，是發生在 1911 年的竊案。直到兩年後抓到真兇為止，坊間不斷流傳各種臆測，並引發無數件騷動。其中之一，就是當時 29 歲的畢卡索遭到逮捕。曾經有過向詐騙者買雕刻品紀錄的畢卡索，因為該名詐騙者落網為契機，關係人之一的畢卡索也遭到逮捕。因為發生這樣一連串的事件，《蒙娜麗莎》竊案成為全世界家喻戶曉的故事。

所謂「被盜的名畫」代表的意思，具體反彈在價格上。雖然無法完全計算《蒙娜麗莎》正確的價值，但 2021 年 6 月，《蒙娜麗莎》的複製品，約以 3 億 8000 萬日圓得標。一幅誰都會認為是「仿造品」的畫，竟然擁有將近 4 億日圓的價格，著實令人震驚。這難道不是一個讓人深刻理解到，人只要為一件事情找到意義，就能感受到價值的案例嗎。從這樣的觀點來看，可以認為，所謂的概念建構，就是一份只要能寫出意義就能創造價值的工作。

1-2

基於概念而產生的價值設計

▍星巴克建立的「第三空間」

　　從這裡開始，會從具體的案例當中逐步確認，掌握「存在的意義」的概念，如何以「價值設計圖」的定位被運用。當成本篇題材的，是眾所周知的星巴克。星巴克最為人所知的，是以概念為核心，經過充分設計的優秀品牌，如果有讀過和概念有關的文獻，可以說必定都是這樣介紹星巴克的。

　　各位是怎麼說明星巴克的特徵呢？如果是我，首先，應該會提到令人感到放鬆舒適的家具格局。寬敞的座位隔間，可以確保適度的隱私空間。坐起來舒服的沙發或是椅子，裝設充電器的桌子，則是傳達出消費者可以在此長時間停留的涵義。應該會有人是想到那滿室咖啡香的店內環境吧。完全禁菸也是星巴克的特徵之一。品味高尚的背景音樂（Background Music，BGM），以及店員親切的待客之道，當然拿鐵或星冰樂（Frappuccino）也是不可忘的飲品。

　　像這樣，將提到星巴克這個品牌所擁有的要素列舉出來，應該可以完成一張不見盡頭的長清單才是。而能將這一切一言

以蔽之說明的，就是「**第三空間**」（third place）的概念。

最初提倡這個詞彙的是社會學者雷・奧登堡（Ray Oldenburg）。奧登堡認為，現代人的生活，僅僅只是往返於第一空間的家，和第二空間的職場而已，這是很有問題的。於是奧登堡主張，為了減輕都市生活者的壓力，「第三空間」有其必要性。將學院派的關鍵片語帶到現實生活中的，是創辦星巴克並使其成為全球知名品牌的立功者霍華・舒茲（Howard Schultz）。把義大利的咖啡館文化成功拓展到美國境內的舒茲，明白自己想要打造的，正是所謂的「第三空間」。

請看圖 1-6。構成星巴克的所有要素，反映出可用「第三

圖 1-6：星巴克的概念結構

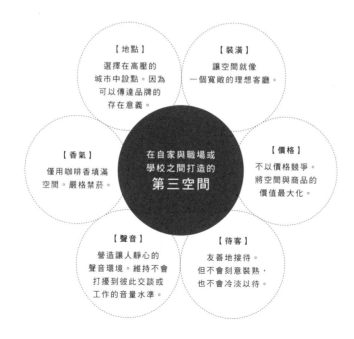

【地點】
選擇在高壓的城市中設點。因為可以傳達品牌的存在意義。

【裝潢】
讓空間就像一個寬敞的理想客廳。

【香氣】
僅用咖啡香填滿空間。嚴格禁菸。

在自家與職場或學校之間打造的
第三空間

【價格】
不以價格競爭。將空間與商品的價值最大化。

【聲音】
營造讓人靜心的聲音環境。維持不會打擾到彼此交談或工作的音量水準。

【待客】
友善地接待。但不會刻意裝熟，也不會冷淡以待。

空間」的概念加以說明。不論是寬敞的格局，還是自然不做作的友善待客、不會過分隆重的選曲，以及不會刺眼的燈光，這所有的設計，都是實踐了星巴克的品牌概念，也就是讓在都市生活中被逼著緊張應對的人們，獲得喘息空間的「第三空間」。可以了解，這概念確實發揮了「貫穿整體的嶄新觀點」的功能。

像這樣，關於整體與局部的說明都能更順利的原因，就在於概念與組成要素之間，形成「為什麼」（WHY）和「什麼」（WHAT）的關係。要引導新手寫出概念，大概都會著重在描述「做什麼」以及「如何做」這兩點。就連星巴克這個案例，也都能寫出例如「這是個放鬆舒適的空間，可以品嘗美味咖啡的地方」吧。只是，雖然這樣能解釋到一部分星巴克的特色，但待客之道究竟如何，音樂又該是怎樣的，便無法成為其他要素的判斷基準。能夠決定一切的，就是針對「為何存在」這樣的提問所提出的答覆。

對於曾經在星巴克工作過的夥伴而言，在髮型與髮色上都有限制。對照「第三空間」的概念，星巴克的思考點是在於，如何保持一個讓每位顧客不會感到不愉快的，保持整潔感的環境。

但是在星巴克在日本展店滿 25 周年的 2021 年，廢除了這樣的限制。星巴克說明原因是多元化的時代下，在星巴克工作的夥伴們所展現出的自然態度，對於顧客而言，也與創造一個能悠閒度過時光的環境有關。不論過去對於髮型的限制，還是取消限制，都是基於「第三空間」的概念進行的考量。

像這樣豪不動搖的「為什麼」以概念成為營運的核心地位，每個時代都重新以「做什麼」、「怎麼做」這樣的組成要素解釋的話，那就有可能升級。

Everlane 的「極度透明」

有個名叫 Everlane、來自於舊金山的服飾品牌。該品牌所企畫的產品，不依靠中間物流業者或零售業者，而是直接販售，也就是 D2C（Direct to Consumer）這樣的品牌。

一般而言，D2C 是一種主打足以顛覆既有框架常識的強烈商業概念，並將概念反映在產品或服務的細節中，而 Everlane 可以說是相關概念的先驅。在概念上，是處於**「極度透明」**（Radical Transparency）。可以說是砍向服裝業界所有陰暗面的一把刀。這個概念也將會反映在品牌所有的行動或表現。

圖 1-7：Everlane 的概念聲明

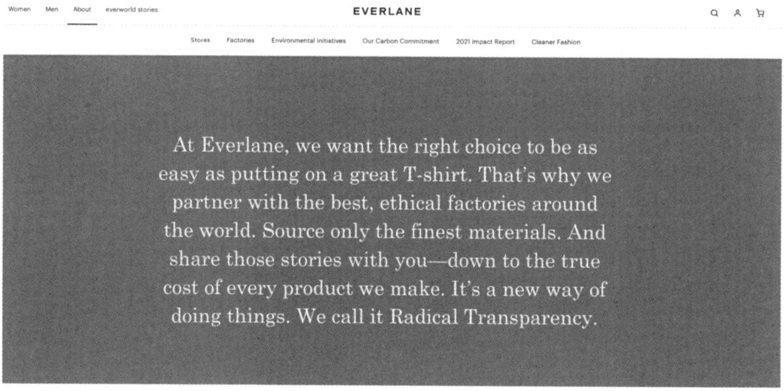
Women
Men
About
everworld stories
EVERLANE
Stores
Factories
Environmental Initiatives
Our Carbon Commitment
2021 Impact Report
Cleaner Fashion
At Everlane, we want the right choice to be as easy as putting on a great T-shirt. That's why we partner with the best, ethical factories around the world. Source only the finest materials. And share those stories with you—down to the true cost of every product we make. It's a new way of doing things. We call it Radical Transparency.

Everlane 希望能夠以和像 T 恤一樣簡單的方式做出正確的選擇。那就是為什麼我們會和這世界上最優良的，符合倫理道德的工廠合作。只使用經嚴選的素材。並且，我們也會將真正的製造成本等種種故事，毫無保留地和各位分享。這樣的嶄新概念，我們稱之為「極度透明」。

（出處：http://www.everlane.com/about）

聽到時裝業界隱瞞的「不透明」，首先在腦海中浮現的，就是價格。Everlane 對於支付給勞工的薪資到商品運送費，與商品製造有關的實際成本全部公開。如同圖 1-8 所示，Everlane 在網站上列舉出自身商品和被其視為競品的他廠標準產品（Traditional Retail），主張「顧客有知道企業定價根據的權利」。

圖 1-8：T 恤相關製作成本的說明

（出處：http://www.everlane.com/about）

　　製造者的勞動環境又是如何呢？時裝品牌給予開發中國家人們的是，嚴苛的勞動條件並壓榨的結構，屢屢成為社會問題。正因如此，Everlane 不只是以倫理道德面的條件選擇合作工廠，更在網站上公開工廠名單與契約情況，有時甚至還會曝光工廠內部的情形。

　　其他還有像是，在製造工序中減少淡水水量的使用，或是不再出現焚燬滯銷產品的情形，引進讓顧客可選擇支付金額的

措施 [2] 等，所有的行動都是根據「極度透明」的概念為核心所設計（圖 1-9）。當 Everlane 被指摘在因應環保的對策不夠徹底之際，也毫無保留地公開指教內容，並且發表因應批判所建構的全新產品線等，貫徹其透明的態度。

圖 1-9：Everlane 的概念結構

Everlane 在美國多家服裝品牌紛紛關門的 2010 年代，仍持續創造可說是令人驚豔的成長。由此證明，Everlane 早已超越品質或形象塑造的程度，而以品牌思想與態度吸引粉絲。

2　如 Everlane 會告知不同價位。消費者可選擇付成本價讓 Everlane 不會賠本，但若願意多付一些，則可支持 Everlane 日後的研發。

1-3

可發揮作用的概念條件

　　至此，已經說明關於概念的定義與功能。即使如此，也不是說只要滿足概念的定義，就什麼都可以。在這世上，確實存在好概念與不好的概念。是什麼將之區分成兩類呢？以下將針對可發揮作用的概念所必備的四項條件（圖 1-10）依序說明。

圖1-10：可發揮作用的概念條件

可 發 揮 作 用 的 概 念 條 件	
1　能從「消費者觀點」描寫嗎？	☑ 價值？
2　有「只有～才有～」的構想嗎？	☑ 原創？
3　能預測「擴增」的程度嗎？	☑ 規模？
4　可以轉化為「簡單」的詞彙嗎？	☑ 簡單？

概念條件①：能以「消費者觀點」描寫嗎？

　　儘管企業都會單方面賦予產品「這是一項可以改變生活的創新服務」的意義，但顧客並不盡然會照單全收。因為概念必須將「讓誰」、「如何讓對象變得幸福」的定義更加明確。朝著想出會**讓顧客開心的臉龐清晰浮現眼前的詞彙**為目標。

存在感低的 MP3 播放器

　　全球第一台問世的 MP3 播放器是在 1998 年，由韓國的世韓（Saehan Information Systems）公司所研發的「mpman」。之後，美國和新加坡的業者相繼進入該市場，數位音樂播放器開始進入百花齊放的時代。但是，這樣時代並未持續太久，2001年，落後其他先行推出 MP3 播放器的業者三年，但產品卻在市場上橫掃千軍的，就是蘋果的 iPod。

　　被說是終極「等對方出招」案例的 iPod 之所以獨佔鰲頭的理由，要舉出多少個細節都可以。但是，這一切都是起源於一個概念。那就是「**將 1000 首歌曲裝入口袋裡**」這句話。當時，大多數人還是在聽 CD 或 MD 的時代。要將家裡蒐藏的所有 CD 或錄音都收進口袋裡，當時的消費大眾只當成是夢話。就連史蒂夫・賈伯斯（Steve Jobs）本人後來回首當年，也是這麼認為的。

> 「我很清楚這會是一項多麼酷炫的發明。因為這是大眾，甚至是我自己也絕對會想要的一項產品。而且概念也非常單純，真是太好了。就是『將一千首歌曲裝進口袋裡』喔！」

——《賈伯斯傳》，華特・艾薩克森（Walter Issacson）著、
井口耕二譯，講談社

　　另一方面，其他公司的開發概念是「5GB 的 MP3 播放器」
這樣技術類的語言。將數位音樂播放器理解成是規格面的競
賽。或許會認為，不過是用語上的不同而已嘛。但是，就是這
種「不過是」，產品就是天差地別。

　　以「5GB MP3 播放器」為概念的其他公司產品，容量其實
就和 iPod 一樣可以裝下 1000 首歌曲。但光是在選曲這個動作，
就得按上 10 次以上的按鈕。此外，為了讓歌曲名完整反映在螢
幕上，在事前得要一首一首地，操作播放器上小小的按鍵輸入
字母。儘管是最先進的規格，使用體驗卻是到了讓人厭煩程度
的惡劣。這也是情有可原。因為開發者被要求的課題，就是製
造出「5GB 的 MP3 播放器」。關於使用體驗的考量不包含在概
念裡。

　　另一方面，蘋果的研發團隊是如何思考的呢？「將 1000 首
歌曲裝入口袋裡」這樣的詞彙所呈現給世人的光景，在「5GB
的 MP3 播放器」這句詞彙中絕對是從未想像到的。那就是，將
播放器放入口袋中，自在選播 1000 首歌曲的使用者樣貌。對
於工程師而言，會產生「要怎麼樣才能單手操作 1000 首歌曲
呢？」的問題，是相當自然的。團隊在設計出多個模型之後不
斷反覆驗證，最後終於發明出可用手指輕易滑動的點按式控制
鍵（Click Wheel）。其他像是包含將 1000 首歌曲快速傳輸的機
制，以及可以透過個人電腦的軟體，管 1000 首歌曲的體驗設計
也同時納入規畫。光是「將 1000 首歌曲裝入口袋裡」這一句標
語，確實徹底發揮設計圖的角色。

這裡希望各位讀者注意到的是「5GB 的 MP3 播放器」和「將 1000 首歌曲放入口袋中」，實際上是在講述同一個事實的這一點。將 5GB 的規格用語，轉換爲更貼近使用者觀點換句話說，就是「裝入 1000 首歌曲」。如果要將 MP3 這樣的技術形式，翻譯成更加便利的詞彙，就是「可以裝進口袋的大小」。究竟要訴求技術層面呢，還是從顧客角度訴求呢。區別這兩句的關鍵，僅是觀點不同。對於顧客而言，有價值的體驗，就是從站在顧客觀點的概念開始。

人工智慧（AI）、物聯網（IoT）、數位轉型（DX）、大數據（Big Data）、元宇宙（Metaverse）、非同質化代幣（Non-Fungible Token，NFT）和分權式自治組織（Decentralized Autonomous Organization，DAO）。只是使用聽起來好像很厲害的這些詞彙，結果就和「5GB 的 MP3 播放器」一樣，只是傳達者自己方便的詞彙。究竟是以自我滿足結束呢？還是能轉換成顧客的詞彙呢？考驗的是概念創造者的能力。

▌概念條件②：有「只有～才有～」的構想嗎？

就算是從顧客觀點思考的概念，如果是已經存在於這世界上的，或是隨處可見且無聊的概念，也沒有意義。**請你和你的團隊，一起找出專屬於你們「只有～才有～」的構想。**

如果是誰都能說出口的，那就沒有意義

在公司進修等場合，讓參與者寫下概念時，必定會出現「讓高品質的東西以低價出售」的回答。良好的設計，合理的價格（good design, good price）或是「具有超乎標價的價值」等

所謂衍生型也看過無數種。我在這裡可以斷言，這些通通都是「概念的仿製品」。

　　以低價提供高品質產品，從商業角度來說，是一種至善。但絕對稱不上是已經掌握到品牌本身固有的涵義。

　　優衣庫（Uniqlo）是一家「以低價提供高品質產品」的全球性企業。但是，優衣庫的品牌概念在於其他層面。代表跳脫原有的生活需求思考，不斷追求進化的服裝品牌涵義的 **LifeWear** 這個詞彙。

　　例如發熱衣（heattech）的原理，就是利用從人體蒸發的水分所產生的熱，以提高衣服本身保溫性的創新技術。穿上發熱衣後，就可以減少穿一件外衣，從而讓冬天著裝變得輕盈，這樣的生活變化，是發熱衣帶來的改變。此外，科技空氣衣（AIRism）系列的衣服，則是主打能消除流汗的黏膩感或悶熱等等，讓肌膚產生不適感的科技。有了科技空氣衣，在炎夏時節，不必脫下，反而因為穿上而獲得舒暢感，這樣的舉止因為科技空氣衣變得理所當然。

　　汲取生活中的需求，並運用創新技術，進而改變生活。這就是 LifeWear 的概念。即便找遍全世界中，都沒有找到其他有以類似的概念宣傳的成衣企業。ZARA 和 H&M 雖然在市場面是以競爭對手得以相互比較，但若是從賦予生活與社會面的意義層級來比較，應該就能明白這三家企業的本質截然不同。

八面玲瓏者寫不出概念

　　會將常識與至善當成是概念，是因為你並不希望被任何一方討厭。但是，**為了要獲得誰的真心喜愛，有時抱著惹人厭的覺悟也是必要的**。就像是 Airbnb「全世界就是我家」的概念，還是

像星巴克「第三空間」的概念，在決定這概念是為了誰而存在的同時，就已經明確地選擇誰不會是他們的目標客群。

對於 Airbnb 而言，那些要求提供如旅館水準，且必須做到無微不至的待客熱忱的消費者，打從一開始就不是他們的目標顧客。星巴克則是從 1990 年代當時還有很多抽菸者的時候，就將抽菸者排除在顧客對象之外。從當時的咖啡店文化來思考，粗估星巴克應該至少無視了一半以上的重度利用層。

為了讓大家都開心而付出的努力，結果，難道不是讓誰都不開心嗎？對於這樣的課題意識，作家村上春樹在回顧當年經營爵士咖啡店時，就說過以下的話。

> 「這家店有許多客人光臨。在這十人當中只要有一人認為『這真的是一家很棒的店呢。好喜歡。我會再來的。』這樣就已經夠了。十人當中只要有一人成為回頭客，這家商店就可以繼續運作下去。相反的，即便十人當中有九人不喜歡這間店，也無所謂。只要這樣思考，就會變得比較輕鬆。但是，那所謂的『一個顧客』得要確實真心喜歡那家店。並且為了這一個顧客，經營者得要表現出明確的立場，以及揮舞著如哲學般理念的旗幟，並下定決心，不畏風雨徹底維持。這就是我從經營店面的過程中學到的。」
> ——《關於跑步，我說的其實是……》，村上春樹著，文藝春秋

為了獲得強烈的喜愛，就不能恐懼被誰討厭。概念創造者都應該要抱持這樣的覺悟。

概念條件③：能預測「擴增」的程度嗎？

雖然才剛提到應該抱著被討厭的覺悟，但我打算說一些矛盾的內容，那就是，商業概念還是必須讓人看到某種程度的規模。「十人中的一人」的情況，如果是在有一百位顧客的情況下，爵士咖啡店或許還能營運下去，但怎麼樣也不太可能發展為全國規模的咖啡連鎖店吧。此時，就必須先驗證，**能否用這樣的概念，擔保達到商業目標所需的規模**。

難道不是不必要的限縮嗎？

在 2010 年入園人數達到 750 萬人的環球影城（Universal Studio Japan），在 2016 年超過 1460 萬人，實現了近兩倍的成長。入園人數恢復水準的契機之一，就是重新調整概念。說到環球影城，自從開園以來，一直都是以「**電影專賣店**」的形象營運。但經營層開始注意到，這般對於電影的堅持，使得整體營運不必要地限縮目標客群。從諸多數據可證明，即使只專注在電影，客群也未能成長。

於是，環球影城定調出新的營運概念，那就是成為蒐集全球最棒的「**娛樂精選**」。方向轉變成不僅是電影，也要網羅動畫或角色人物等等所有娛樂領域的粉絲入園。這與捨棄既有的「電影最高尚；動畫或遊戲則是較電影次等」這種無意識的階層構想息息相關。應該要堅持的，是怎麼讓體驗到的感動最大化，而不是只堅守著電影的世界。

從那之後，在動畫方面，環球影城透過和《航海王》（One Piece）、《哆啦A夢》（Doraemon）以及《鬼滅之刃》等超級暢銷作品聯名，創造出話題，遊戲方面則是在 2021 年，Super

Nintendo World 啓用等，環球影城將自己定位成全世界獨一無二業態的主題樂園，至今仍不斷進化。

從目標逐漸改變概念

市場的成長速度如果逐漸放緩，一種選擇是往更多顧客所在的市場移動。當目標發生改變，那就是概念也跟著大幅轉變的時機。

1902 年由美國開發的肌膚保養品海洋微風（Sea Breeze），原本是「**解除肌膚困擾　全家人的常備藥**」。1969 年在阿波羅 11 號登陸月球的那一年，海洋微風系列商品在日本熱銷。1980 年前後，目標顧客從全家人轉變爲年輕男性。以「**支援嚮往的海邊生活　夏天男性的肌膚保養**」爲商品概念。

就這樣曾風靡一世的海洋微風（Sea Breeze），進入 2000 年代之後營業額開始走下坡。年輕世代的人不再像過往那麼常到海邊。難道沒有一個能取代水上運動，將來會成長的市場嗎？海洋微風所著眼的是，是女高中生的制汗市場。在當時，制汗市場一直有將近 10% 的年成長率。

於是海洋微風改變形象概念，成爲戀愛女高中生的「**青春制汗對策**」。原本是海風涵義的。在不做水上運動，涵義轉變成吹起青春微風的結果，就是營業額相較於掉到谷底的時期，寫下成長近八倍的紀錄。

從家庭的「常備藥」到成爲年輕男性的「防曬品」。再到女高中生的「制汗品」。長達 120 年歷史的海洋微風，其品牌爲了符合目標客群的需求，精確地讓概念不斷進化。

概念不能變成是自我滿足的華麗詞藻。必須不斷對照商業目標，並加以驗證。

▌ 概念條件④：可以轉化為「簡單」的詞彙嗎？

　　最後一個則是語言上的條件。不論能寫出多貼近顧客觀點的文案，又多有獨特性，甚至是多麼讓人期待的成長規模，只要詞彙無法簡明易懂，概念就無法發揮作用。概念要能**秒懂好記、一寫就中**，盡可能用簡短，容易說出口的詞彙來表現。

提高符號性

　　例如，星巴克的概念如果是「讓對於都市生活感到疲憊的所有人都能進入店裡，悠閒度過時光的場所」，那麼你能做出和現在的星巴克相同的內容嗎？雖然涵義不變，但這個措辭似乎是有不太適當的地方。

　　首先，理解是需要花時間的。光只聽過一次就要記下來，可以說是不可能的。記不得的話，當然也就不會分享給團隊。那麼好不容易建立起的概念，可能因為詞彙過於複雜，而難以傳達給發表者以外的受眾。想要傳達像「第三空間」這樣的涵義，就必須具備讓人聽過一次就難以忘記的「符號性」，才能讓概念逐漸扎根。

讓詞彙長出肌肉

　　在概念建構的進修課程中，我曾經出過以二十幾歲的男性為客群的香水為題目。有一位學生提出的概念是「讓香水成為專業形象之一，向周圍傳達清新形象的香氣」。不僅有極具說服力的市場分析和競合分析，以提案的邏輯來說，也是非常容易理解的概念。

　　但是，這個概念實在是太長也太拗口了。因此，必須去刪

減無意義的詞彙，將字句縮短至最低程度的必要語彙，重新改寫，並重複這個對話過程。最後得出的概念文案是「**香氛就是職場形象**」。在商務人士的服裝轉趨休閒的時代，取代領帶等可見的配件，看不見的香氛成為決定第一印象的正式服裝，這一句片語清楚傳達這樣的思維。因此刪減不必要的詞彙，就像這個案例一樣，可連結到如何讓意義更加明確。

▌「那個」詞彙讓人全身發熱嗎？

那麼，上述就是能發揮效用的概念，應具備的四項條件的說明。由於本篇內容和其他相較之下，比較是帶著主觀情緒，雖然不另外追加第五個條件，但還有一個是重要的評估事項。那就是「**這是會讓人全身發熱的詞彙嗎？**」不論是「將 1000 首歌曲裝入口袋之中」，還是「全世界都是我家」，都留下了概念說明的當事者，難掩興奮之情地傳達給周遭的紀錄。

不管怎麼說，現在是一個認為冷靜闡述主張「很帥氣」的時代。應該也有不少人是不擅長帶著熱情宣揚主張的吧。但是，在溝通過程中，不能小覷詞彙本身的溫度感。經過熱情闡述的概念，所引發的迴響是不一樣的。而那樣的詞彙究竟是真正的呢？值得信任的呢？聽者會自行確認話者在內容以外的熱情。

只有這項並不是在說教。能否成為一段讓人全身發熱的內容，就去聽一次誰的發表驗證看看吧。假設話者並未帶著熱情闡述，那真的是發自內心想要做的事嗎？說不定重新思考看看也未嘗不可。

1-4

和概念似是而非的東西

當成理解「概念」的最後一道程序，必須先說明「不是」概念的東西。

▌ 概念不是標語

東洋魔女與 speed volley 都是與日本女排相關的詞彙。東洋魔女指的是，在 1960 年代活躍的日本女排代表隊的稱號而為人所知。當時，日本女排在歐洲遠征中創下 24 連勝令人驚豔的戰績之後，當地的運動新聞，就以「來自東洋的魔法使」、「東洋的颱風」等表現報導。似乎是這時開始，日本的報社也改用「東洋魔女」稱呼日本女排。而日本女排在一九六四年東京奧運擊敗蘇聯代表隊獲得金牌，讓東洋魔女的稱號在日本國內更是廣為人知。

另一方面，speed volley 則是於 2016 年出任總教練的中田久美女士所提倡的概念。盡可能快速地回傳球，而舉球員可以迅速地站到球落點的下方，在對方跳起攔網前就將球擊回。意思是指，盡可能縮短從接球到殺球所耗費的時間，盡早展開快速攻擊為主軸的球風（play style）。雖然這需要擔負稍有失誤，

就會馬上丟分的風險，但日本反而大膽啓用 speed volley 的背景，目的是在於透過速度，讓世界級的高牆無效化。

東洋魔女與 speed volley，就是闡述標語與概念本質不同的最佳案例。「東洋魔女」是典型的標語。先決條件是因爲女排本身擁有足以自豪的超強實力，爲了廣爲宣傳，才有後來（從外界的眼光）創造的標語，順序是這樣完成的。另一方面，「Speedy Volley」的順序則是完全相反。是先有詞彙產生才有事實。女排想要達成的球風，只存在於總教練的腦海中。正因如此，才需要先提出能掌握概念的詞彙，藉此讓隊伍和關係人士能朝同一個方向前進。是**「以有吸引力的詞彙傳達事實」**，還是**「創造事實的詞彙」**這就是標語和概念最大的不同。

但是，以當成概念所創造的詞彙，也有可能直接變成標語。如 iPod「將 1000 首歌曲裝入口袋中」，這句就不僅只是開發概念，更直接當成對受眾溝通的廣告訊息。因爲如果是完全站在顧客觀點所創造的概念，那麼不只是對於工程師和程式設計師，就算是延伸到其他生活者，依舊會成爲具有吸引力的表現，這也是很正常的。

▍概念不是創意

在創作的現場，另一個容易搞混的詞組是創意與概念。兩者的差異，如果能想到 Airbnb 以及星巴克的案例，應該會更容易理解吧。

舒茲思考的是「希望將義大利的咖啡廳文化也帶到美國」。**這個發想稱爲創意（idea）。然而即使擱置那樣的靈感，最終也不會成爲概念（concept）**。從「將義大利的咖啡廳文化帶至美

國」這樣的發想，到最終「第三空間」的概念，中間還是有一段距離。

區分兩者的關鍵，在於是否包含顧客的觀點。商業的創意是「開始做生意的理由」，但如果只是照單全收，不一定會成為「顧客埋單的理由」。星巴克的「想將義大利的咖啡廳文化帶入美國的想法」立意，其實缺乏顧客觀點。對於顧客而言，義大利的咖啡廳文化代表什麼涵義呢？而將其涵義轉化為語言的，就是「第三空間」這個概念。Airbnb 也是從「透過網路出借閒置的房間」這樣的靈光乍現開始，但要達到「創造歸宿」這個概念，其實是很久之後的事了。

將你的靈感，變成誰的心動。**從顧客觀點重新構思原有的創意，那就是概念。**

▌ 概念不是主題

在上概念培訓課程的學生當中，有一位是負責度假飯店開發的企業家。那位學生發表的是，健康（wellness）和韌性（resilience）。這樣的詞彙確實是現代人對於度假飯店的期待，但並未呈現出「主體是什麼？如何創造？」也就是說，這並未發展成價值設計圖。

這裡的「健康和韌性」並不是概念，正確來說應該是「主題」才對。theme 的定義是，賦予統一感的「主題」。如果是以「健康和韌性」為題，任何一家企業都可以做到。但題目的答案，每家企業應該各有不同。這裡主題與概念的關係就浮現出來了。相較於**與主題相應的「題目」，概念指的就是「既定答案」。**

例如，對於「現代人的壓力與療癒」的主題，星巴克的答案是「第三空間」。面對「旅和與人生」的主題，Airbnb的答案是「全世界都是我家」。面對「時裝產業的黑暗面」的主題，Everlane的答案是「極度透明」。面對「數位時代的音樂體驗」的主題，蘋果的答案是「將1000首歌曲裝入口袋中」。以上這些都是說明了「主題」與獨特「答案」的關係呢。

前面提到的那位學生，在充分理解「健康與韌性」其實是主題（題目）之後，重新修改了概念。他提出的是「**感受在大自然中流汗的暢快**」。對於可以在線上解決生活中一切事物的現代人而言，我想最奢侈的，並不是什麼都不做，而是在大自然中適度地活動筋骨吧。這個語句已經更明確傳達了，拜訪度假飯店的意義對吧。

從下一章開始，終於要進入概念建構的說明。請各位準備好筆記用具，繼續閱讀下去。

☑ **一般而言，所謂概念，
指的是「貫穿整體的嶄新觀點」**

- 所謂概念專輯，是指從最初到最後，帶著貫穿整體的觀點的音樂專輯。
- 在產業發展中，應該放在貫穿整體核心位置的，是「存在的意義」

☑ **所謂概念建構，
就是「創造嶄新的意義」**

- 一決定好「存在的意義」，也就決定了應該製造什麼，怎麼製造等諸多要素。
- 人類在「買什麼」之前，會想要知道「為什麼買」的答案。
- 例如）Airbnb「全世界都是我家」

☑ **概念會以「價值設計圖」發揮作用**

- ①成為判斷基準；②賦予一貫性；③成為獲得承諾報酬的對價理由
- 例如）星巴克的「第三空間」
- 例如）Everlane「極度透明」

☑ **能發揮功能的概念具備四項條件**

- ①是否從**顧客的立場**描寫？
- ②是否有**如果～才能～**的構想？
- ③是否能預測**規模**？
- 是否化為**簡單**的詞彙？。

☑ **不屬於概念的那些**

概念不是標語

- 標語雖然可將事實以更有魅力的方式傳達，但概念其實是創造事實本身。

概念不是創意

- 創意不能只是留停在想法就結束，應該將其轉變為對顧客提供價值的詞彙。

概念不是主題

- 當主題指的是「題目」之際，概念就會變成既有的答案。

第 **2** 章

引導形成概念的
「提問」法

世人似乎有所誤解，以為概念建構就是創造答案的技巧。事實上，可以說概念有一半是取決於提問的做法也不為過。為了引導出良好的概念，高水準的提問是不可或缺的要素。

在創造什麼新東西之際，會帶著「從提問開始建立吧」這樣意識的人應該是少數吧。大多數的人像是參加學校考試的感覺，只是被動地等待哪位教授出題。但可能就是這樣的態度，才會讓日本不斷落入，雖然技術很先進但在創新度上落後，這種令人遺憾情況的關鍵因素也說不定。

2000 到 2005 年製播的 NHK 紀錄片節目《Project X～致各位挑戰者們～》（プロジェクトX～挑戦者たち～）介紹了許多關於日本企業的傳奇故事。節目中所描述的經典故事，情節都是在描述，面對被交辦的不可能任務，依舊抱著必死的決心，咬牙用技術找到答案的過程。節目一貫稱頌的是，不會逃避面對難題的「昭和上班族」心理。

另一方面，看看 21 世紀的創新案例，我注意到的是，在面對被交辦的不可能任務時，先判斷「這個提問本身就很莫名其妙」後放棄，改成更有意義的問題，大部分主要是這樣的成功模式。不論是替代旅館的民宿，還是替代計程車的共乘服務（ride-sharing），這都是對於在既有業界工作的人們深信不疑的大前提抱著疑問，從而建立新提問的個人所創造出的新市場。

比起被交辦的既有問題，應該尋找更有價值的問題替代。雖然在學校的測驗中不被認同，但是以商業角度來說，難道不是值得被稱讚的情況嗎。加上技術能力與耐力，能轉換這樣的構想變成拿手絕活的話，難道不是如虎添翼嗎？

第二章當中，首先了解關於提問的重要，接著學習如何創造能不斷誘發創意的提問方式。那麼，開始吧！

為什麼提問很重要？

▌ 創意五階段

在人類的創意發展的過程中，可以將「問題」與「答案」視為變數來說明。請參照圖 2-1。

圖 2-1：創意五階段

LEVEL5	建立顛覆社會或業界前提的大哉問，創造答案	在車站進行實況轉播的交通系統
LEVEL4	自己提出問題，創造答案	裝上車輪，做成馬車
LEVEL3	質疑前提條件，主動讓提問得以成立	比騎在馬背上更舒服的騎馬方式是什麼呢？
LEVEL2	對於被賦予的問題，思考諸多答案	被問到如何讓馬跑得更快而開始思考
LEVEL1	對於被任命的工作，多下工夫使其做得更完善	配合馬匹的健康狀態用心照顧
LEVEL0	對於受人委託的工作，確實做到	依照被交代的內容照顧馬匹

LEVEL_0　對於受人委託的工作，確實做到

照本宣科地完成受人委託的工作，幾乎完全不需要任何的創意。例如，依據指導手冊上記載的順序照顧馬匹的工作，甚至只要有體力誰都可以做。是一個什麼時候被機器人取代也不奇怪的工作。

LEVEL_1　對於受人委託的工作，多下工夫使其做得更完善

但是，一旦習慣照顧馬匹的話，應該任誰都會想要再多花些工夫才對。就算指導手冊上沒有直接寫到，也會知道要配合馬匹的身體狀況試著調整飼料量或時間，不斷嘗試用各種方法和馬匹溝通。人類都會善用智慧找到更好的方式。正是因為能在被設定的規範中，得以發揮小小的創意工夫，才是人類創意的第一階段。

LEVEL_2　對於別人提出的問題，思考諸多答案

透過每日照料的過程中更加了解馬匹，可能主人會問你：「要怎麼樣才能讓馬跑得更快呢？」這類在指導手冊上不會找到答案的問題。面對這樣的提問，你可能會從讓馬匹長出肌肉的營養成分觀點從飲食方法向主人提案，或是從溝通的觀點，提議配合和馬匹之間的默契等，提出符合自身經驗的解答的程度，這是第二階段。

LEVEL_3　質疑前提條件，主動讓提問得以成立

在研究如何讓馬匹跑得更快的過程中，某天你突然有個疑問：「難道沒有更舒服的騎馬方式嗎？」這不是來自他人交辦，而是萌生只有自己才能提出的問題的你，肯定能感受到從未有

過的心靈震撼吧。在確信「這就自己應該面對的事」之後，會興奮到坐立難安。甚至會想尋找屬於自己的答案。從 LEVEL3 之後的階段，你成為了提問的主體。

LEVEL_4　自己提出問題，創造答案

正在摸索如何藉由馬匹的力量舒適移動的你，某天，注意到鄰近的村人使用手推車搬運農作物。然後你靈光一閃。想到的是，只要讓馬拉車就好了呀。終於，「馬車」的原型就此誕生。從「至今不存在的提問」引導出「至今未曾有過的答案」的流程，概念於焉而生。

LEVEL_5　建立顛覆社會或業界前提的大哉問，創造答案

不只因製造出馬車就滿足，還開始規畫建造能轉播馬車運輸的車站，並規畫出遍佈國土各個角落的「交通系統」構想，這就是 LEVEL5 的程度。不只是止步於創造劃時代的貨物或服務，甚至改變了整個社會的結構。為此目的，需要動員讓幾千幾萬人呢？改造與大多數人的生活息息相關的社會系統。那就是在實務者可能擁有的創意之中，輸出最龐大的部分。

▋ 如果能量產創意，就是創意家嗎？

在日本，傾向將創意理解為 LEVEL2 的範圍內。對於一個問題，（盡量）想到優秀的創意，就會受人稱讚是創意家。世界上已經出版的創意書籍中，多數都不是去質疑提問，而是說明如何從多種不同角度量產答案的技術的書籍。

本書所思考的概念建構，以及創意力構想，是指 LEVEL3

之後的程度。那就是，**從質疑理所當然的提問開始，設計為概念的意思**。

那麼，你應該已經理解，概念有一半取決於提問的意思了嗎？在下一個項目中，一起來思考應該釐清的提問性質。

2 - 2

應該面對的提問是什麼呢？

▌ 好的提問像一記妙傳

本質良好的提問，就像是在足球比賽中的一記妙傳。傳球技巧精湛的選手，首先會吸引敵方選手的目光。趁此空檔，讓夥伴往守備人力較薄弱的地方奔去，傳球助攻手再將球踢送到其眼前。於是夥伴就會在得到球的同時，也接到兩種選擇。那就是，可以選擇任何動作的「**自由空間**」，以及瞄準球門的「**臨門一腳**」。

好的提問發揮的作用也是完全相同。應該能創造出，如同讓接到球的人有可選擇的空間和臨門一腳的餘地。本質良好的提問性質，可以用下方列出的乘法公式表現。

自由度 × 衝擊程度

所謂自由度，意思就是讓構想更加寬廣的空間。有那種方法，也有這種方法，不斷產生新的構想，那就是「自由度」很高的提問。相反的，如果是本質不佳的問題，答案的選項就會變得極端狹隘。就算在團隊內部腦力激盪，也不會馬上引起熱

烈討論。無法讓想像更加豐滿，讓團隊內部討論的過程中變得沉默，這樣的情況難道不是因為在自由度上出現問題嗎？這時試著提出質疑吧。

另一個「衝擊程度」，大致可分為兩種。有廣泛的衝擊和深遠的衝擊。

所謂廣泛的衝擊，是指會對許多人的生活帶來普遍性影響。微軟（Microsoft）曾公開企業概念，表示要「**讓所有的桌子，和所有的家庭都有一台電腦**」。以推廣普及為最優先目標，讓初學者都會程式設計的 BASIC，或是降低電腦使用障礙的 Windows 或 Office 等產品不斷問世。這無疑是以帶來「廣泛」衝擊為目標的產品。

另一方面，更早於電腦問世前的 1808 年。「**難道沒有讓失明的戀人能更容易寫信的方法嗎？**」面臨這問題的是，出身義大利的佩萊里尼・圖里（Pellegrino Turri）。圖里的挑戰，目的並非在於擁有廣泛衝擊性的產品。但是，要是能回答那個提問，就能改變戀人的人生。即便不是廣泛性，但可以說是能帶來「深遠」衝擊的提問吧。順帶一提，在這時問世的是打字機的原型之一。成為視覺障礙人士在書寫文章時，強而有力的工具。

▍問題矩陣（Question Matrix）：提問的四種分類

將這種「自由度「與「衝擊」當成變數，所整理出的提問種類請見圖 2-2。你現在所面對的問題，是放在哪一個象限呢？請一邊思考邊往下閱讀。

蠢問題：光想就是浪費時間

　　自由度低，回答了衝擊也很微小。面對這樣的「**蠢問題**」，坦白說只是浪費時間而已。應該立即改變問題才對。第二次世界大戰末期，日本軍隊的作戰行動大致就是屬於這類。在只有自暴自棄特攻的選項之下，即使是賭上性命也看不到未來。在現代組織中，因為這樣動彈不得的提問而煩惱的情況並不少見。

　　也有那種原本是有意義的問題，但時間一長，因周遭環境的變化變成蠢問題的情況。在回答那提問之際，試著從這兩個觀點，能夠獲得原本所期待的衝擊嗎？能引起討論，激發更多創意嗎？定期驗證提問品質是否惡化，是很重要的事情。

圖 2-2：問題矩陣

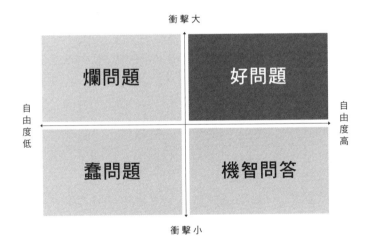

機智問答：雖然很歡樂但是沒有意義

　　「**有自由度雖然能產生各種創意，但看不出未來有什麼巨大衝擊**」。如同「**機智問答**」的名稱所示，歸納在右下象限的問

題，特徵是想了之後很歡樂。正因如此很難應付。

聯合國提出永續發展目標（Sustainable Development Goals，SDGs）。在護身符 SDGs 之下，企業建立的提問是「來做一首提高年輕人對環境問題的關心的歌曲如何？」。感覺上能一個能讓人自由且快樂地思考創意的環境對吧。要找哪位藝人來唱怎樣的歌曲呢？腦海中浮現許多選項。但這樣的回答是有意義的嗎？這難道不是距離解決問題本質更遠了嗎？環境這問題的龐大，和行動的程度根本不一致對吧。因為容易思考，因為很歡樂，只憑著自由度建立提問，是本末倒置。只是變成商業機智問答而已。

爛問題：曾是日本勝利方程式的「傻勁」決勝負

傳統日本企業不斷傳誦的歷史上成功經驗，集中在左上象限的「爛問題」。面對「只能突破」這樣令人畏懼的低自由度提問，雖然幾乎所有情況下都是失敗的，但總能靠著第一線人員的技術能力勉強過關。像這樣奇蹟式的成功模式，可以說是形塑日本的民族自尊也不為過。如先前提到的《Project X》這樣的紀錄片即是一例，小說暢銷、戲劇也大受歡迎的《下町火箭》，基本情節就是描述如何運用技術能力與團隊力量，持續克服從天而降的不可能任務。

當然不逃避困難的態度是很了不起的。也不得不認同，咬緊牙根才是能創造技術創新的原因。但隨著各領域的技術逐漸成熟，且在自豪的製造業領域，也開始被新興國家迎頭趕上的現狀中，多數以為是有意義的難題，結果放眼全球，反而質變成吹毛求疵的爛問題。往後的時代，應該要培養多一種面對爛問題以外的勝利方程式才對，不是嗎？

那就是，將提問內容大大錯置的做法。不僅是要製造出近乎完美品質的汽車，而是針對那些使用完成品的新「行動服務」提問。在製造出不會壞的電腦之際，也向音樂或影片的「生態系」（ecosystem）提問。並不困難，而是能以自由的態度面對問題者，也應該是同樣令人尊敬的「挑戰」。

好問題：在當前這個時代提出有意義的問題

許多的答案不斷一個個浮現在腦海。不論哪個都可能連結到有意義的結果。有創意的問題，會讓面對課題的人們更獲得鼓舞。為了創造出好概念，從這樣的「好問題」開始是最快的捷徑。眼前的問題，如果是只能仰賴不屈不撓的態度取勝的「爛問題」，還是只剩下有趣的「機智問答」，那就開始檢討「替代」的提問。

▌電梯太慢的問題

為了理解「替代提問」的內容，請試著思考以下的案例。

你是一座老舊辦公大樓的房東。原本有一家印刷廠入住，結果因為總公司搬遷而退租。在將近半年尋找入住者的結果，最後某家 IT 企業的一個部門搬進來。好不容易終於確定有租客入住，正感安心的瞬間，這次面對的是「電梯移動速度太慢」的頻繁抱怨。但是，不論怎麼調整電梯速度，已經沒辦法更快了。因為先前房客未入住的半年空窗期，已經用大幅折扣的方式吸引，因此連為電梯汰舊換新的資金都沒

有了。怎樣都無計可施。如果是你，會建立怎樣的「提問」思考呢？

這裡請要注意的是，被詢問的點不是答案，而是「提問」。因為是從「電梯很慢」這樣的抱怨開始，如果順著脈絡思考，應該能浮現出**「電梯加速有什麼條件呢？」**這樣的提問。但是，沒有引進最新電梯設備的餘力。

可以做到的話，很明顯就是有衝擊的，但創意自由度幾乎等同於零。如果要提出答案，那就是借錢負擔工程費用，沒有其他更有效的選項。這就是**爛問題**。倒不如替換成自由度較高的問題再來思考才是上策吧。

例如，面對對於電梯的抱怨，改成提問**「如果趕走抱怨的人呢？」**但是，稍微冷靜思考後應該就會知道，這問題的素質太低。要是沒有人入住，困擾的是房東本人，而且也不存在能溫和地驅逐入住者的方法。既然很難提出答案，想必結果也非眾人所樂見。這情況似乎能歸類為典型的**蠢問題**。

如果真的很在意電梯很慢，有可能直接轉變成兩手一攤，乾脆**「讓大家走樓梯呢？」**的作戰。走樓梯對健康有益，也可控制多餘的電力消耗。即使如此，抱怨電梯速度的人，真的會持續走樓梯嗎？一天或七天的時間單位來換算或許還有可能，但要真的讓他們變成習慣，可以想見會非常困難。雖然創意的自由度很高，但要引導至關鍵的解方其實很困難。遺憾的是，這只能停留在**職場的機智問答**層級。

從「物理性」改變電梯的速度是困難的。那麼難道不能從「心理面」改變速度嗎？例如改成**「讓人感覺等待電梯的時間縮短了呢？」**的提問。這樣一來，不僅不需要大筆投資，也不需

要讓人走樓梯，或是把人趕走，這樣不合理的要求。在能思考到幾個有效方法的情況下，在完成之際，就可以獲得和提升電梯速度的同等效果。從兼具自由度和衝擊兩方的情況下，在這情況下可以判斷這是**好問題**。

圖 2-3：電梯問題的重構

衝擊大

| 爛問題 | 好問題 |
| 提升電梯的速度呢？ | 讓大家感覺等待電梯的時間縮短了呢？ |

自由度低　　　　　　　　　　　　自由度高

| 蠢問題 | 機智問答 |
| 趕走抱怨的人呢？ | 讓大家走樓梯呢？ |

衝擊小

▊ 重構：改變提問就可以改變構想

順帶一提，從讓人感覺等待時間變短的創意，像是將電梯門改成「鏡面」，或是在閒置空間「設置鏡子」。人只要看到鏡子，就會不自覺地看著鏡子裡的自己確認服裝儀容。在注意力被自己的樣貌分散之際，確實就比較不會在意等待電梯的時間，這樣的效果是經過證實的。其他像是設置螢幕，播放科技產業的新聞，或是每天替換一分鐘的教養內容等等。甚至是準備張貼公司介紹的公告欄，這些方式也是很有效的吧。

像這樣藉著改變提問改變觀點，進而拓寬視野，引導到至今不存在的領域的思考，這就是「重構」（reframing）。在創意研究中爲人所知的史丹福大學教授蒂娜・塞利格（Tina Seelig）認爲，「提問是一切的架構，答案就在其中收斂」，而重構是「**因爲改變了結構，解決方法的廣度就會產生劇變**」，說明重構的效用。

　　被譽爲近代免疫學之父的愛德華・詹納（Edward Jenna），拋開誰也回答不出的提問「爲什麼人們會得到天花呢？」之後，而是詢問「**爲什麼在酪農場工作的女性比較不會得到天花呢？**」結果，他發現了對於人體危害較低的牛痘的存在，從而發明出疫苗，讓天花從這世界絕跡。

　　夏洛克・福爾摩斯（Sherlock Holmas）對於助手華生（Dr. John H. Watson）提出的意見「狗什麼也沒做，所以和這次的事件沒關係，不是嗎？」，他建立了提問「**明明你認爲狗應該做了什麼，所以才覺得什麼也沒做的這個結論非常重要，不是嗎？**」於是解決了事件。

　　已經理解到提問能改變觀點和發想的意思了嗎？那麼，算不上是名偵探的我們，應該要如何在平時的業務中，實踐重構呢？

2-3

重構的實作

　　從這裡開始，我們要說明基本的重構手法。首先參照 2-4 的重構表單。表單的中心有寫一道當成題目的提問。周圍有 8 個空格，每個空格是重新提問的指引。只要遵循這些方法，就能創造新的提問。那麼我們就從左上角的「整體式提問」開始。

圖 2-4：重構表單

①整體式提問 如果解決的是整體 而不是局部呢？	②主觀式提問 只屬於你個人的偏愛 或堅持是什麼呢？	③理想式提問 理想的變化 是什麼？
④動詞式提問 如果重新發明 既有的行動呢？	CENTRAL QUESTION 主要提問	⑤破壞式提問 應該打破的無趣常識 是什麼呢？
⑥目的式提問 如果將其當成手段， 目的是什麼呢？	⑦利他式提問 那樣一來， 社會將如何變得更好？	⑧自由式提問 「　　　　」

① 整體式提問：
如果解決的是整體而不是局部呢？

在考慮概念的時候，我們應該會傾向將實體產品、無形服務、內容當成各自獨立的單位來思考。如果是汽車，就視為汽車本身；倘若是洗衣機，就當成洗衣機來思考。**不是衡量局部，而是關照全局，才是「整體式提問」**。因此不是考量洗衣機這個單位，而是從將髒衣服收到洗衣籃，晾乾之後再收衣摺疊，這一連串過程中，難道沒辦法解決嗎？需要從這種俯瞰的觀點來思考。透過詢問整體的情況能獲得怎樣的成果，來看一下具體案例吧。

稱霸利曼 24 小時耐力賽（Le Mans 24）的「提問」

自 1923 年舉辦第一屆以來，每年六月都會舉行的利曼（Le Mens）24 小時耐力賽，規則相當簡單，就是比誰能在 24 小時內，以四輪車在環形賽道上跑愈多圈即獲得勝利。在多變的天候中，重複數十次的加油，24 小時以超高速持續駕駛五千公里以上的競賽相當殘酷，也正是因為如此，在這場賽事中所追求的，就是跑車的性能與安全性能，甚至之後汽車業界也以其當成標準，引導業界進行新技術改革。

2006 年，稱霸利曼 24 小時耐力賽的是奧迪（Audi）R10 TDI Racing Car。是史上第一輛獲得優勝的油電混合車。對於奧迪而言，能有如此的好成績，是因為有汽油引擎（V8 燃油直噴）加持。雖然如此，但為什麼要引進完全不同類型的油電混合車呢？在這具有開創性決策背後，其實是研發團隊的首席工程師提出的一個問題「如果我們品牌的汽車無法比其他品牌的

更快，那應該要怎麼做，才能在利曼耐久賽中獲勝呢？」

　　假設，雖然在速度上落後，但依然能贏得整場競賽。為此，唯一能做的只有減少進站維修的次數。因此，引進油電混合車的引擎事實上非常合理。因為很快就能提升燃油效率。結果，R10 TDI 在 2006 年之後連續三年獲得優勝。

　　　局部提問：如何製造更快速的引擎？

　　　　　↓　　　　　　　　↓

　　整體問題：能在整場競賽中獲勝的機器是什麼呢？

　　就是因為要在技術或產品本身做出差異化已經是很困難的成熟領域，才更需要能夠看穿全局的提問。當然這並不僅限於「製造」的話題而已。

町人的概念

　　佛生山町位於從香川縣高松市中心地區搭乘琴平電鐵搖晃 15 分鐘可到達的地方。至今仍保留江戶時代初期所建立的寺，以及同時建造的門前町氛圍的靜謐，嚴格來說原本就是住宅區的地方，而非觀光地。但是，自從在這裡挖掘出溫泉之後，逐漸受到旅遊愛好者的關注。

　　現在，佛生山這個觀光地最大的特徵，反映在「**町人旅館**」這個概念。可以將整個町當成是一家旅館。以溫泉為中心，週邊陸續建造起餐廳、書店以及雜貨店，還有以民家為基礎重新改裝的客房等等，整體就是藉由串起散佈於這座町的單獨觀光景點，並提供旅館功能的構造。旅行者來到這座町，就像是住在當地一般，充分享受當地的氛圍。當然，不需要耗費

從頭開始建造新旅館的龐大投資，也是其中一項優點。對於這個專案而言，也可以看出從局部到整體重構的影子。

局部提問：最適合這座城鎮的<u>旅館</u>是什麼呢？

↓　　　　　　↓

整體提問：如果將<u>城鎮整體</u>當成一座旅館呢？

提問本身就能成為一個很棒的概念對吧。雖然各地都有造鎮活動，即使如此，很容易陷入「應該要建造什麼樣的設施呢？」的既定框架中。但是，只要擁有連接單點與單點，如果以整體為概念擘畫出更大規模藍圖的創意，小小的投資也能創造出超越大型建設的價值。這就是從佛生山町的案例中學習到的意義。

圖 2-5：佛生山溫泉町人旅館的導覽圖

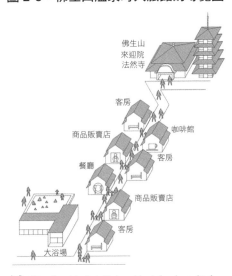

出處：https://machiyado.jp/find-machiyado/busshozan.html

②主觀式提問：
只屬於你個人的偏愛或堅持是什麼呢？

一個交情很好的朋友來找我商量關於「想要開設一家白色

素 T 恤專賣店」的想法。想要開設這樣一間只賣白色 T 恤的店，真是史無前例。如果只是以數據與邏輯推論出的創意，多半都會認為「一定不會順利的吧」。確實，他沒有其他的競爭者，或許白色素 T 恤的營業額會持續成長也說不定，但對於市場而言，藍海領域並不見得就是機會。但是，朋友卻有一股奇特的說服力。由於他本身熱愛白色 T 恤，並且花了一年的時間學習製作。從白 T 恤的剪裁、質地、縫製技巧、甚至是白 T 恤所擁有的微妙透視感，就如同紅酒的品酒師，他的功力已經到了能用豐富多元的與語彙描述白 T 恤 T 有何不同的程度。

他當時提出的問題是「究竟該怎麼做，才能讓白色 T 恤成為大家的正式服裝呢？」。他的想法是，白色 T 恤能成為正式服裝的話，我們的生活風格可能會更加無界線，更加自由吧。例如，應該有過在派對或重要的商務活動結束後，馬上想去健身房的時候吧。如果在外套內的是白 T 恤，只要將上半身的穿著換成帽 T 恤等樣式，就能直接變成休閒風格了。不論什麼服裝都百搭的白 T 恤，是地表最萬能的衣服了。正因如此，他才主張，希望將白 T 恤打造成超越所有服裝主題的衣服。他的偏愛，似乎是想賦予白 T 恤新的意義。而這樣的想法，絕對不是能從合理的思考，或是戰略構想能推導的。

從東京千馱谷起步的，世界第一家白色 T 恤專賣店 #FFFFFFT（ShiroT）瞬間就成為各媒體平台的關注焦點，即使只在周末營業，卻成為排隊人潮絡繹不絕的名店。順帶一提，這時從提問衍生出的店鋪概念，就是 **SHOW YOUR COLOR**。主要訴求，正是因為簡單的白色 T 恤，才更能展現出屬於自己的個性。白色並不是毫無個性的顏色，反而是展現出獨特個性的顏色，這樣的提案引起許多服裝狂熱者的共鳴。而且不僅是

日本國內，也不斷獲得國際旅遊觀光手冊和服裝雜誌之類的媒體報導，現在可以說是吸引全球關注。

客觀是商品，主觀是稀缺資源

讓白 T 恤專賣店的命運走上分水嶺的，是提問的設定。請比較以下兩個提問。

> 客觀的提問：**讓白色 T 恤<u>成為時尚</u>的方式？**
> ↓   ↓
> 主觀的提問：**如何讓白 T 恤成為大家的<u>正式服裝</u>呢？**

「讓○○流行起來的方式是什麼呢？」這樣的提問，是成衣業界從業人員常見的一般提問。相較之下另外一個提問，是很巧妙地偏離主軸呢。可以反映出提問者本身的主觀色彩濃厚。但是，就是因為這樣偏離主軸的提問，成為打開成衣業界新世界觀，這個過程是我自己的近身觀察。

「最私人的事情最有創意」（The most personal is the most creative）這句話，來自於以電影《寄生上流》（*Paradise*）獲得 2020 年奧斯卡獎項的奉俊昊（Bong Joon-Ho）導演的演講。原本是馬汀・史柯西斯（Martin Scorsese）導演說的「以私事當成發想創意的契機」，不僅是電影而已。商業也是一樣。

資料與 AI 都能很快找到客觀的答案。但是，**主觀創造的並不是常規的正確答案，也無法從資料當中推論**。如果一般常識問題無法看到未來前景，不妨先從你自身的個人問題出發吧。

▎③理想式提問：理想的變化是什麼呢？

在商業場合中被問到的問題，多半都是面對迫切問題的現實。雖然這本身並沒有錯，但若只被眼前的問題分散注意力，可能難以拓寬自己的眼界。有時候，不妨**試問，存在於現實的前方的「理想」**。

Dialog in the Dark（黑暗中的對話）

1980 年代，拿到哲學博士的安德烈亞斯・海涅克（Andreas Heinecke）一直都在德國的廣播電台工作。某天，一位曾遭遇交通意外而失明的前員工復職，成為海涅克的下屬。海涅克心想「該怎麼樣才能讓視覺障礙人士也能毫無壓力地在職場工作呢？」

海涅克和這位下屬工作，也同時思考這個問題的時候，注意到自己建立的提問實在太消極。於是他認為，應該要問的問題是，存在於現實生活目標的未來，更長遠的理想。那就是，「要怎麼樣才能打造一個讓視覺障礙人士發揮長才的職場環境呢？」只要將以下兩種提問方式並列，就能一眼看出，哪一個提問方式能引發創造力。

> **現實式提問：讓視覺障礙的人得以<u>毫無工作壓力</u>的環境是什麼呢？**
>
> ↓　　　　　　　　↓
>
> **理想式提問：能讓視覺障礙者<u>發揮長才</u>的職場環境是什麼呢？**

從這提問衍生出的是「黑暗中的對話」（Dialog in the

dark）。在完全漆黑的空間裡，運用除了視覺以外的感官進行對話的娛樂活動，若缺少在黑暗中也能行動自如的視覺障礙工作人員的協助，是絕對無法順利進行的。而這個節目目前已經成為，在全球四十個國家以上、九百萬人以上體驗過的世界級活動了。

十倍提問（10X question）

Google 也在活用理想的提問，比起在日復一日的競爭中取得勝利，為了從更大格局的觀點提問，Google 提倡「十倍提問」。那是追求能帶來比既有解決方案多出十倍成果的答案。例如從提出「如何減少車禍呢？」的問題中，僅能想到，奠基於既有的安全技術開發之上某個沒有衝擊性的想法。但是，若問「如何讓因人為疏失造成的車禍不再發生呢？」如果不從完全不同的系統思考，根本無法回答。由於設定了高難度的「超越常識」的提問，才能引出不被先入為主侷限的構想。

現實式提問：該如何**減少車禍**呢？
   ↓   ↓
理想式提問：如何創造一個讓人為因素引起的**沒有車禍**的
      世界呢？

理想將超越眼前的對立

理想的提問，或許會讓人感受到些許情緒。但是，要突破複雜的現實問題，有時必須提高自己的眼界。

當年，亞馬遜宣布進軍電子書籍市場的時候，出版業界的反彈一如預期。顯而易見的是，支撐產業大部分營收的紙本書

銷量將成爲犧牲品。但是，KINDLE 卻是超乎想像地，順利獲得美國出版業界的接納。成功的關鍵要素之一，就在於概念。

當時，亞馬遜不斷強調 KINDLE 的概念是，「**全球所有書籍在 60 秒內就到手**」（Every book ever printed, in print or out of print, in every language, all available within 60 seconds）。這個概念，不僅對於打算經手世界上所有書籍的亞馬遜，更是對出版業界呈現了一個理想的未來。我們自己的出版品能傳遞到世界的各個角落。甚至能夠送到沒有書店的地方。那樣的未來藍圖呈現在眼前的話，那些捍衛眼前蠅頭小利的構想，就失去說服力了。

像這樣，詢問理想也是一種能成爲超越利害關係對立的有效手段。

▌ ④ 動詞式提問：如果重新發明既有的行動呢？

在思考概念的時候，很多人都會從「名詞」開始思考。例如下一個「智慧型手機」應該會是什麼樣子呢？在萬物聯網時代的「汽車」，應該是怎樣的使用方式呢？對於今後的「社群網路服務」（Social Network Service，SNS）什麼是可能的？之類的狀況。但是，一旦**從名詞開始思考構想的瞬間，就應該要有可能受到既定觀念束縛**的自覺。更準確而言，因爲名稱本身就是既定觀念的本質。

約克夏狽混哈士奇再混吉娃娃⋯⋯對於犬類的分類事實上相當多種，但若將之與貓或狸等搞混的情況，應該很罕見。由於已經記住犬和貓這兩個詞彙，我們也開始記住這個世界的區分方式。在既定的區域，貼上所謂姓名的標籤，讓資訊處理更

為順利。雖然是因為大腦卓越的認知功能，但也可能導致讓認知過於單純化，進而連結到刻板印象的看法等副作用。

既是發明家也是心理學者，更是「水平思考之父」的愛德華・狄波諾（Edward de Bono）將此稱之為「**詞彙的僵化**」，並指出，名稱帶有的「詞彙僵化性，與分類作用造成的僵化性結合，而分類作用的僵化性，則招致對物體見解的僵化性」。

那麼，要怎麼做才能避開名稱這樣的標籤呢。世界知名的設計公司 IDEO 的共同創辦人之一比爾・摩格理吉（Bill Moggridge）說明，應該要針對「**是動詞，而不是名詞**」進行設計。因為當焦點放在行動上，就能從既有的典範中獲得解放。實際上 IDEO 設計團隊都是從觀察行動中產生新的創意。例如觀察吃早餐的樣子，發現在「吃吐司」之前「將烤好的吐司排列」這種無意識的動作後，就製造出能讓吐司整齊站立的烤吐司機蓋子。

網飛（Netflix）的紀錄片節目《抽象：設計的藝術》（*Abstrac*）當中，名為卡斯・霍爾曼（Cas Holman）的玩具設計師就曾論述，不是用名詞，而是用動詞問問題的重要性。就算是對美術大學學生提出「設計一個新杯子吧」的要求，也不會產生新的構想，但若是號召「來設計全新的送水方式吧」，還比較可能創造出「讓海綿材料吸收水分再運送」這類不拘形狀的自由設計。

名詞式提問：如果要設計新的<u>杯子</u>呢？

↓   ↓

動詞式提問：如果要設計全新的<u>送水</u>方式呢？

霍爾曼又介紹一個，從小學生工作坊中學到的經驗。當被

詢問「新的校車的形狀是什麼呢？」的時候，小學生能畫出的校車，基本上只有顏色上的不同而已。但若是詢問「新的上學方式呢？」構想就會有所改變。用火箭飛上天際，讓上學路途更有魅力，構想能變得更自由。而那樣的不同，是會讓人眼睛為之一亮的驚艷。

以動詞提問時，人自然而然地成為主角

從杯子到「送水」。從校車到「上學」。**將提問從名詞置換為動詞時，自然而然就會將提問的重心，從物體移到人身上。**21 世紀以後，雖然經常提到以人為中心的設計的重要，為了達到該目標的具體方式之一，其實就是以動詞進行提問。

現在，許多業界正在籌畫關於提問的轉變。最具代表的就屬汽車業界了吧。2010 年代，全球各種汽車業者開始以移動載具公司（mobility company）自稱。這也表明不必堅持「汽車」這個形體，而是對於人類在「移動」方式可能的提問。

2007 年，當時的蘋果電腦（Apple Computer）將公司名稱中的 Computer 拿掉。如果關注蘋果（Apple）在這之後陸續推出的 iPhone、Apple Watch、AirPods 等不侷限於電腦形式的飛躍式進展，就不得不說，捨棄名稱的這個決斷相當正確。

即使是在運動種類中，Nike 也並未以跑鞋（Running Shoes）的未來當成標語，而是以跑步（Running）的未來為提問，而推出名為 Nike+ 的數位服務。由於能記錄跑步的數據並與他人分享，人類賦予跑步的目的與意義也就有所轉變。

在日本，體重計製造商 TANITA 以員工餐廳的概念「如果能飽餐一頓美食，不知不覺就會瘦下來」為契機，將員工餐廳的菜單推廣到對外經營的餐廳。企業核心價值，也從「體重

計」這個名詞，轉變爲以動詞爲主的「健康瘦身」。

　　將要創造的概念名詞，代換成動詞。並向該動詞所具備的意義的未來提出問題。那就是能創造不受既定觀念束縛的構想的做法。

⑤破壞式提問：應該打破的無趣常識是什麼？

　　找不到想做的事。在這個時候，並不是思考「**應該要創造什麼？**」而是思考「**應該要破壞什麼？**」才對。意思是要拿掉好學生的面具，以反抗者的心理環顧這世界。

　　網飛的創辦人里德‧哈斯廷斯（Reed Hastings），之所以將定額制導入 DVD 租賃服務，他分享起因是曾在出租店裡爲電影《阿波羅 13》（*Apollo 13*）繳了 40 美元滯納金的故事。「**爲何 DVD 出租不能像健身房那樣採用定額制呢？**」這樣的無奈，成爲 DVD 定額制租賃服務的概念基礎。雖然有一說是，這是他自己事後才編造出來的趣聞，但問題意識的本質，確實反映在這趣聞中。

　　創意式提問：什麼是出租 DVD 的<u>新服務</u>？
　　　　↓　　　　　　↓
　　破壞式提問：要怎麼做才能<u>破壞業界常識</u>（例如滯納金）？

　　此外，卡西歐（CASIO）的 G-SHOCK 的開發背景，據說是因爲開發者不小心失手將最寶貝的時鐘摔在地上，當時的感想就是「爲什麼壞掉的程度，像是刻意重摔的感覺？」，以這樣的沮喪爲開發的契機而爲人所知。於是 CASIO 的開發概念，就

這樣直接成為「**就算掉下來也不會摔壞的手表**」的一句標語。

「應該要做什麼？」這樣的提問是自由的相反詞，無法聚焦。另一方面，破壞式提問則是設定應該要打破的「假想敵」，藉此讓焦點更明確。結果，就會比較容易引導出具有突破力的概念。

應該破壞的社會惡習

當然，雖說要創造一個假想敵，這並不是鼓勵對其他公司或競爭對手找碴。要破壞的對象別無其他，應該是阻礙人類進化的「社會惡習」才對。

就像第一章也曾提到的 Everlane，他們要挑戰的是，時裝業界的無數黑盒子。不透明的價格設定、生產過剩與廢棄問題、工廠內的過勞情況。「要怎麼掃除既有的成衣品牌長期裝作視而不見的問題呢？」從這樣的破壞性提問中，「極度透明」的概念於焉誕生。

GU 要挑戰的是「包頭高跟鞋的緊繃感」。仍保有傳統商業習慣的業界，男性通常會被要求繫領帶，而女性則是被要求穿包頭高跟鞋。但如果將此當成版型，以一般的情況來說實在太緊了，伴隨著幾乎是用「邊弄傷腳邊工作」來形容的痛苦程度。因此 GU 決定打破「穿包頭高跟鞋行動受到拘束」的常識。

創意的提問：現在最暢銷的包頭高跟鞋是什麼呢？

↓   ↓

破壞式提問：要怎麼做到顛覆常識（包頭高跟鞋就是緊繃的）？

⑥ 目的式提問：如果將其當成手段，目的是什麼呢？

曾經負責廣闊的北美洲運輸的，是驛馬車網絡系統。與六匹馬拉著的馬車載送的，不只是信件等行李包裹，同時也能載五到六名乘客。之後，因為鐵路完成鋪設，驛馬車企業倒閉，時代一口氣迎接鐵路公司的時代到來。但等到汽車終於發明，道路系統完備，鐵路運輸的地位又被自家車、公車和卡車取代，最終進入飛機時代，貸給鐵路公司致命性的打擊。現在美國的鐵路公司，儘管仍舊在廣袤的國土繼續營業，但終究成為少數派。

經營學者西奧多・萊維特（Theodore Levitt）說明，美國的鐵路公司之所以衰退，是在於混淆了手段與目的。鐵路公司只是將自家的事業概念理解為「鐵路」。萊維特主張，如果鐵路公司是以「運輸」當成自家公司的商業概念，那麼就不會只拘泥於鐵路這個手段，而是結合如汽車、飛機等，每個時代的代表性科技，並不斷進化才對。不是執著於鐵路這種手段，而是應該問清楚目的才對。從這則軼事中可以解讀出，「提問」決定了命運的分歧點。

> 從手段出發的提問：今後要如何發展**鐵路事業**呢？
>   ↓   ↓
> 從目的出發的提問：**鐵路當成一種運輸手段**，我們真正的
>   目的是什麼呢？

鐵路的案例，不過是其他國家的歷史。但是，即使如此

也不能小看。畢竟我們也是犯了同樣的錯，不是嗎？如果只是針對一種手段的「鐵路」的未來提問，那麼就會取巧地，只是單純地思考「運輸」這個目的的可能性。而這裡的「鐵路」和「運輸」，應該也是可以代換成各位所屬的業界用語吧。事實上窺見一家公司的經營會議提出「○○業界的未來應該如何？」的問題，就會看到參加者將固守自家業態的現況當成「目的」來辯論的場面。**先將議論對象與「手段」切割來看吧。接著再試著思考，更整體、更根本的「目的」究竟是什麼？**

想要創造的，是家人共度的時光，而不是遊戲

在思考概念的時候，「以○○當成手段來理解的話，真正的目的是什麼呢？」的「○○」，請試著填入自己所屬產業的詞彙問問看。

「以有趣的遊戲當成手段來理解的話，真正的目的是什麼呢？」對於這個提問，提出目的是「**奪回與家人相聚時光**」這個出眾的回答，是任天堂家用遊戲機 Wii。在各家遊戲以處理速度或動畫影像之美相互競爭的時代中，Wii 將遊戲的最終目的，同時也是社會性價值做為概念的定位，這是一大創舉。

源自紐約，風靡一時的 D2C（直接面對消費者；Direct-to-Consumer）床墊品牌 Casper，和 Wii 用同樣的手法，引進床墊業界。在以彈性等機能為競爭重點的時代中，Casper 將床墊當成手段，重新審視「**創造最高品質的睡眠**」才是真正的目的。Casper 並不將自己當成是床墊公司，而是定義成「**睡眠的公司**」（The Sleep Company）。該公司的標語是「**愛你的明天**」（Love your tomorrow），也就是訴求「最棒的明天，就從最高品質的睡眠開始」。

你想要創造的新產品，是一種手段的話，最終目的是什麼呢？當思考或討論變得太短視時，試著這樣問問看吧。

⑦ 利他式提問：
那樣一來，社會將如何變得更好？

在思考概念的時候，意識到自身的強項是當然的。此外，也不能忽視營業額、利益以及爭取使用者的事業目標。這樣一來，概念的構想自然就會是「利己」。如果寫的是對自己有利的概念，在公司內部也不會產生衝突。沒有受到任何人的反對，順利獲得承認，進而變成具體框架。

但是，這裡會有一個陷阱。根據哈瓦斯通訊社（Havas Group）的調查（Meaningful Brand Report 2021），受訪者回答，現代的生活者對於目前存在於生活中，75％的品牌是「就算現在消失也完全不會困擾」。很令人衝擊的數字對吧。

那麼生活者，會希望怎麼樣的品牌留在這世界上呢？根據同一份調查結果，有73％回答，期待企業能採取讓這地球村環境變得更好的行動。對於社會而言，能夠帶來正面影響的企業，才是應該繼續保留的優良企業。而只有利於自家公司發展的概念，可能會因時代的變化被拋棄也說不定。因此，可以說品牌有必要將**利己的提問替換為利他的提問**。

為了誰發明的科技？

在我所參加的工作坊中，有一位當時正著手規畫次世代醫療服務的參加者。這位女士打算利用透過遠距醫療的方式所取得的患者資料，設計一套客製化製藥，再送到患者手中的全新

遠距醫療系統。但是，當真的要將此構想落實到概念之際，卻變成說明「使用3D列印機製藥的遠距診療」的敘述文字。完全無法讓人理解到這套構造將帶來的嶄新意義。

　　察覺到這位女士可能弄錯概念的提問方式的我，試著詢問「**您想讓誰如何獲得幸福呢？**」結果，她告訴我，讓她開始構思概念的契機是「希望能讓住在任何地區的人都可以獲得最先進的醫療資源」。我能清楚理解，先前她所提出的概念草案深處所蘊含的社會性意義。從這個原點再次思考概念的結果，她終於找到「打造距離大家最近的診所」的方向性。那麼請試著比較以下兩個提問。

　　利己式提問：要如何利用最先進的醫療技術，打造**獨家的醫療服務**呢？

　　　　↓　　　　　　　　↓

　　利他式提問：運用最先進的醫療技術，是**想讓誰如何獲得幸福**呢？

　　在第一個提問中，缺乏的是「為了誰？為了什麼而發明的技術？」這樣重要意義。如果是從這裡引導出的概念，可能會自然地，因為比較專業而變得狹隘。至於第二個提問，則是聚焦在以科技當成手段，並從一開始就融入朝向更大格局的目的的構想。因此，由此而生的概念，必然是包含社會價值的想法。

⑧自由式提問：還有什麼是尚未寫到，但具有價值的提問呢？

　　如果順利，目前應該已經產生七個新問題了。光是從提問的數量，就代表一個概念的邏輯生成過程。目前手邊有什麼想真正挑戰的提問嗎？

　　最後還有一個。請思考，**還有什麼是尚未寫到但有意義的提問呢？**第八個問題的空間，就是本書的指引所沒有的，希望讀者遵循直覺，寫出並未歸納在這七個步驟中的提問。

重構不是單行道

　　從局部到整體。從客觀到主觀。從現實到理想。這些提問的置換，不論是哪一個，都是讓我們的觀點從「熟悉的觀點」轉移，去注意那些平常得要帶著意識才會注意到的角度。

　　但是，重構不一定必須是單行道。往反方向的置換有時也很有效。考量「整體的提問」時，實在覺得很模糊的話，可以試著切換成「局部的提問」。如果在「主觀的提問」中，只有太偏頗的創意，就試著提出「客觀的提問」。如果因「利他性提問」而引發充滿偽善的創意，就試著從「利己性提問」思考。就像攝影師需要交替使用遠近鏡頭拍攝一樣，試著雙向切換觀點看看吧。

2 – 4

重構的實作

第二章的結語是個小小實作。試著努力帶著意識延伸問題，同時延伸構想。

課 題

冰箱

你是某家製造工廠的員工。轉調至新事業開發部的你，想到要製作怎樣的未來裝置，心中就雀躍不已。但是你被賦予的任務竟然是「冰箱」。部長認為，「在家庭生活中冰箱扮演的重要性愈來愈高，但在過去 20 年來，是最沒有大幅變化」的領域。對於你所從事的工廠而言，尚未有過製造冰箱的實際成績。正因如此，你被要求提出，在不受冰箱既定想法的框架中，創造新市場的構想。請善用重構表單，針對 8 個提問與回答的形式，盡你所能寫下所有靈光乍現*（目標時間：30 分鐘）

---

* 　所謂靈光乍現，意思是「突然想到」的詞彙。在經過磨練之前的立意，以非常簡短的筆記寫下來。

解 說

首先是在重構表單的正中間，寫下「所謂全新構想的冰箱是什麼呢？」雖然從哪裡開始填寫都無所謂，但本書為了方便說明，就從左上角的提問開始思考吧。

圖 2-6：全新構想的冰箱是什麼呢？

① 整體式提問	② 主觀式提問	③ 理想式提問
如果解決的是整體而不是局部呢？	只屬於你個人的偏愛或堅持是什麼呢？	理想的變化是什麼？

④ 動詞式提問	CENTRAL QUESTION	⑤ 破壞式提問
如果重新發明既有的行動呢？	**全新構想的冰箱是什麼呢？**	應該打破的無趣常識是什麼呢？

⑥ 目的式提問	⑦ 利他式提問	⑧ 自由式提問
如果將其當成手段，目的是什麼呢？	那樣一來，社會將如何變得更好？	「 」

① 整體式提問：「不從局部考量冰箱，而是從整體思考呢？」

隨著理解「整體」的方式不同，創意的切入點也會隨之改變。如果是從「整體空間」理解，就會浮現「將家中整體當成是一個冰箱」的創意吧。為了人類的舒適而存在的空調，以及為了食材冷藏或保溫所需。可以看作是統整家中溫度調控的系統。

此外，若是從生活者的「消費行動的整體面貌」來理解似乎也很有趣。難道不能重新發明一套讓人在購買食材後保存、料理、廢棄的整體流程嗎？先這樣記下來吧，「從購買到丟棄都可以交付的冰箱」。

② 主觀式提問：「關於冰箱，你的個人偏好或堅持是什麼呢？」

　　請忘記客觀的「正確‧不正確」這樣的評價軸。請務必將你所認為的有趣與否，當成是最重要的考量。對我來說，最想要放冰箱的地方是浴室。我妄想著不必特地跑到冰箱旁拿取，可以直接在浴室享受沁涼到骨子裡的咖啡牛奶。這樣的話，在書房就要有紅酒，之類的，一定也有希望在露天陽台喝著啤酒的人吧。從這樣的討論中，就可以逐漸描繪出「可以在家中喜歡的角落設置的分離式冰箱」的雛型。

　　跳脫冰箱這個名詞，善用對於不同種類的偏好也是一種方式。例如，喜觀景觀植物的人，說不定希望在家中栽種寒帶或熱帶的植物。因此冰箱的意義不是在放置食材，而是打造成「植物用冷藏‧保溫庫」等，這也可以看到冰箱的全新應用。

③ 理想式提問：「透過這個冰箱想達到的理想變化是什麼呢？」

　　隨著從各種角度對於理想的理解不同，創意也會隨之變化吧。如果被問到理想的設計性，可能很快就會想到「希望呈現的是，成為室內裝潢一部分的冰箱」或是「不會特別意識到那是冰箱的冰箱」。如果被問到理想中的便利性，應該會產生「可以完全交付設計菜單的冰箱」或是「會幫忙採買的冰箱」之類的構想。

④ 動詞式提問：「如果重新發明與冰箱有關的行動會如何呢？」

　　先試著將「冰鎮」、「結冰」、「以適當溫度保存」等與冰箱有關的動詞並列一起。在這之中，如果關注的是「冰鎮」，那麼不要僅限於冰鎮食材，而是「冰鎮西裝」如何呢？之類，讓想法更加開闊。如果先把T恤冰起來，應該就可以緩解在夏天烈日當頭時外出的痛苦。

如果是考量到「以適當溫度保存」這樣的動詞，應該會聯想到，可以放進冰箱的不僅是糧食，還可能是將藝術品或珍貴的書籍、骨董或公仔等「以適當溫度管理收藏品」的保管庫的可能。如此一來，繪畫或高價的收藏物件，就可以調節成最適合保管的溫度或濕度，畢竟這樣的管理並不容易。

使用動詞進行提問的好處，在於能引導出不受限於冰箱這個名詞的構想。試著提出全新種類的商品構想。

⑤ 破壞式提問：「對於冰箱的不滿或想顛覆的常識是什麼呢？」

請想起過去曾與冰箱有關的不滿或憤怒吧。究竟為何冰箱一定要是四角型，體積又龐大，如此堂而皇之地佔據家中的空間呢？從那樣的不滿中，就會想出「可以靈活變換外型的冰箱」這種與常識完全相反的極端的創意。

其他像是，「要一直來來回回到到冰箱旁邊，難道不能避免那些浪費的時間嗎？」這樣的不滿應該也能引起不少共鳴吧。觀察大多數人在家中煮飯的樣子，很多人無意識間往返冰箱與煮飯空間數十趟。「如果能在煮飯的地方放一台小型冰箱」，這樣一來應該會更省事。

⑥ 目的式提問：「如果將冰箱當成手段，目的是什麼呢？」

如果是顧家的父親或是母親，買冰箱的終極目的應該是「為了家人的健康」。從正面來理解「打造守護家人健康的冰箱」的話，那麼就能建立一套連接體重計或血壓等量測機器，或智慧型裝置的嶄新體驗。

在購買高價冰箱的消費者中，應該有不只喜歡做菜給家人，甚至會分享給朋友的人。為了他們，試著開發一台「展現主人待客

心意的冰箱」吧。就像讓消費者可以親眼看到壽司餡料的冰箱等，堅持使用顯示面板的餐飲店的冰箱，似乎能成為設計的提示。

⑦ 利他式提問：「用那台冰箱要怎麼樣讓社會變更好呢？」

連結社會課題與冰箱的，是利他的提問。例如，環保問題。「讓家庭產生的廚餘消失的冰箱」，似乎有可能產生新的需求。因為世界上存在將廚餘與堆肥等組合，成功落實零垃圾理念的餐廳，因此將上述案例成功應用於家用，也並非不可能。

女性進入社會與冰箱也有密切關聯。冰箱為一直在家中勞動的女性提供協助。在女性進入社會工作成為常識的現在，也許冰箱的角色可能還會再發生改變。例如，從「讓工作的女性更加輕鬆的冰箱」的角度來理解，思考如何建立概念，應該也是有意義的。

⑧ 自由式提問：「冰箱能變成機器人嗎？」

回顧至今所創造的問題，可以理解，每一個都是為了讓生活朝更便利的方向邁進。這時，善用第八個自由提問的空白，試著將較具玩心的問題放進去看看。例如「冰箱能變成機器人嗎？」

這樣的提問如何呢？光是思考萬一家電成為如同「哆啦A夢」這樣有自我人格的存在，或許能變成一場歡樂的思考實驗。

如果將孩子們預設為主要使用者，像是「可變成一起玩遊戲的冰箱」。冰箱自己提出機智問答，答對的話就會自動開門送給孩子們餅乾糖果，應該會產生這樣的溝通吧。對於今後愈來愈多的高齡單身者而言，或許會出現「排解孤獨感的冰箱」的需求也說不定。能成為對話交流的對象，關心健康，甚至成為一起思考菜

單的夥伴。像這樣讓冰箱擁有人格，就會讓人覺得冰箱本身有種種可能性。大家一起思考後變得開心的提問是什麼呢？對於那樣的提問，給出了什麼答案？

　　圖 2-7 是將到目前為止想到的所有創意填入表格中。由於不斷改變提問的角度，因此創造了如果只執著於一個問題則絕對想不到的創意。希望能掌握那樣的手感。

圖 2-7：回答案例

① 整體式提問	② 主觀式提問	③ 理想式提問
如果解決的是整體而不是局部呢？	只屬於你個人的偏愛或堅持是什麼呢？	理想的變化是什麼？
● 將家中整體當成是一個冰箱 ● 從「購買」到「丟棄」可以完全交託的冰箱	● 可以在家中任何一個喜歡的角落放置的分離式冰箱 ● 植物用冷藏・保溫庫	● 當成室內裝潢一環呈現的冰箱 ● 能夠為自己採買的冰箱
④ 動詞式提問	CENTRAL QUESTION	⑤ 破壞式提問
如果重新發明既有的行動呢？	**全新構想的冰箱是什麼呢？**	應該打破的無趣常識是什麼呢？
● 在夏天冰鎮西裝 ● 以適當溫度管理收藏品		● 能靈活變換形狀的冰箱 ● 可放在煮飯地方的小型冰箱
⑥ 目的式提問	⑦ 利他式提問	⑧ 自由式提問
如果將其當成手段，目的是什麼呢？	那樣一來，社會將如何變得更好？	「　　　　」
● 打造守護家人健康的冰箱 ● 為了款待家人朋友而存在的冰箱	● 讓家庭產生的廚餘消失的冰箱 ● 讓女性上班族更加輕鬆的冰箱	● 成為能一起遊玩對象的冰箱 ● 排解孤獨的冰箱

　　從第三章開始，就會進入概念的設計。一起將從提問衍生出的「妄想」，變成每個人都可以理解並產生共鳴的縝密「構想」。

☑ 概念的生成，從提問開始

· 對於被交代的問題提出諸多答案的能力，並不是創造力
· 從創造有意義的提問中，產生具有意義的概念

☑ 提問的好壞，取決於「自由度」與「衝擊程度」

· 所謂「自由度」是指由提問引發的答案的廣度。
  自由度愈高，選項就愈多。
· 所謂「衝擊程度」，就是從答案中產生對於社會·生活的影響力。
· 好的提問與妙傳一樣，是對接受方的構想賦予自由，
  進而引導出關鍵的答案。

☑ 換掉提問的「重構」

· 蠢問題、爛問題和機智問答，都應該要替換成好問題。
· 只要改變提問就會改變觀點。構想也會發生轉變，概念也是。
· 例）電梯問題

☑ 重構八個重點

· ① **局部式提問→整體式提問**：如果解決的是整體而不是局部呢？
· ② **客觀式提問→主觀式提問**：只屬於你個人的偏愛或堅持是什麼呢？
· ③ **現實式提問→理想式提問**：理想的變化是什麼呢？
· ④ **名詞式提問→動詞式提問**：如果重新發明既有的行動呢？
· ⑤ **創意式提問→破壞式提問**：應該打破的無趣常識是什麼呢？
· ⑥ **手段式提問→目的式提問**：如果將其當成手段，目的是什麼呢？
· ⑦ **利己式問題→利他式問題**：那樣一來，社會會如何變得更好？
· ⑧ **既定式提問→自由式提問**：還有什麼是尚未寫到，但具有價值的
  提問呢？
· 不一定只是單行道，從反方向切換提問也很好。

第 **3** 章

根據顧客觀點
設計的
「洞察型故事」

在第二章，我們學到了製作「提問」的方法、替換的方法。有了好的提問，下一步就是找出符合故事的形式，同時也思考解方。或許會認為「要寫故事什麼的實在是太燒腦了」，但應該也會有「想迅速用鮮明醒目的一句話來回答」的人。

當然，最終如果無法做到，用一句話說明清楚的簡潔程度，概念就無法發揮作用。但另一方面，並不是可以完美的以一句話字就解決所有問題。為了讓從隊員到組織之外的相關人士等各方行動者都能有所共鳴，這段概念形成的邏輯也是很重要的。這個「邏輯」在本書的定義，就稱為「故事」。

請閱讀以下三行例文並比較看看。

■ 例文一　一句話的概念
全世界都是我家。　Airbnb

■ 例文二　隱含訊息的概念
目標對象：習慣旅行的族群
服務概要：媒合旅客與閒置空間的服務
強項一：能安心且盡情享受當地的生活
強項二：可用比視為競爭指標的飯店更便宜的價格入住
概念：**全世界都是我家。**　Airbnb

■ 例文三　有故事的概念
　　在旅途中造訪的城市都充滿獨特的風格。沒有任何一處是相似的景色。明明是如此，那又為什麼我們在每個城市都選擇住在類似的設施中呢？如果能認識旅遊目的地的當地居民，融入其中以體驗當地真正的生活樣貌或文化，會是如何？如果是我們，可以用安全且合理的價格，協助旅客實現那個

「如果」。**全世界都是我家**。Airbnb 為習慣旅遊的你如此提案。

　　在例文一這樣的概念本身，無法解讀隱藏在一句話中的企圖或策略。那麼例文二又是如何呢。將必要的基本資訊試著排列。雖然有掌握到一些線索，但感覺像硬是拼湊起來的「裝飾品」。原因就在於，像這樣的內容，看不出資訊與資訊之間的關連，給讀者一種凌亂無章的印象。在缺乏連結性的提案中，就算是再厲害的概念，也會失去對目標對象訴求的吸引力。

　　例文三則是將例文二的資訊組成一篇完整的故事。釐清各項要素之間的因果關係，使其更容易閱讀。讓每一句話字更增加說服力，最後是強烈傳達隱含在「全世界都是我家」中的意義。特別是，當要傳達的概念是源自於新構想，依序設計出能引起他人共鳴的故事，就變得相當重要。

　　那麼，要怎麼樣才能架構出一個故事呢？就算複雜如電影般的情節架構，在設計腳本時都會有基本的雛型。概念也是同樣的。在本書會學到的是最基本例文二的類型、洞察型與願景型的故事型。首先，就從站在顧客的角度設計出的洞察型開始。

3-1

洞察型故事的架構

▌用四個 C 說故事

有聽過 3C 分析法嗎？在思考經營戰略或行銷企畫之際的架構中，3C 指的是，**Customer（顧客）、Competitor（競爭者）、Company（自家公司）**。為了確認並分析應該考量到的內容，「相互獨立、完全窮盡」（Mutually Exclusive, Collectively Exhaustive，MECE）的框架逐漸廣泛受到應用。

如果有什麼新事物即將問世，就不能無視 3C 的存在。那就是，解決「顧客」的課題。能提案「競爭者」不具備的價值。活用只有「公司」獨有的強項。不論是哪一個，都是在設計概念之際一定要牢記的要素。

但是，如果只是毫無章法地填寫 3C，無法成為一個完整的故事。因此在概念建構的過程中，會將各種項目用接續詞串接在一起，最後放入名為 Concept（概念）的第四個 C。請見圖 3-1。就像變形的四格漫畫對吧。這個形狀也有箇中意義，就留待下一章再來說明。

所謂站在顧客角度的故事，換句話說，就是「**協助顧客的故事**」。如果將這四個 C 串聯，當成在看民間故事的方式閱讀，應該會變成以下的內容。

1. 從前從前在某個地方，有一位因為××而困擾的一般民眾。

2. **然而**，在這世界上誰也無法提供協助。

3. **於是**，○○運用了自己的特殊能力伸出援手。

4. **也就是說**，只要使用□□的解決方法，使用者就得以獲救。

圖 3-1：4C

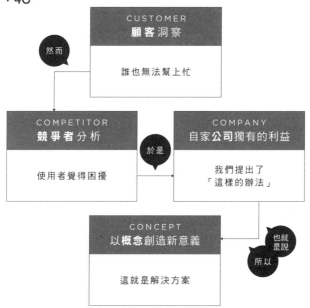

從顧客的困擾開始，並以提供協助的形式，落實到概念。可喜可賀、可喜可賀。利用星巴克的案例來套用這個框架吧。

1. 在某座城市，有許多非常疲憊的人們。每日往返於家中與職場。只是不斷累積壓力。

2. **然而**，城市中並無一個能好好喘一口氣的空間。

3. **於是**，星巴克，就成為創造一個能讓人放鬆的空間。能放鬆的空間以及優質的沙發。讓人感到愉悅的背景音樂（BGM）

或是咖啡的香氣。一個人也好，和朋友一起也好，幾個小時都能舒適度過。

4. **也就是說**，那就是一個既不是在家，也不是在職場的「第三空間」。**所以**，現在則成爲了忙碌的現代人不可或缺的空間。

　　星巴克所提供的顧客價值極爲明確。正因如此，才能像這樣，可分解成容易理解的故事框架。反過來說，因爲能套用故事形式，並設計出概念，才能讓顧客價值更加明確。

圖 3-2：4C 案例（一）

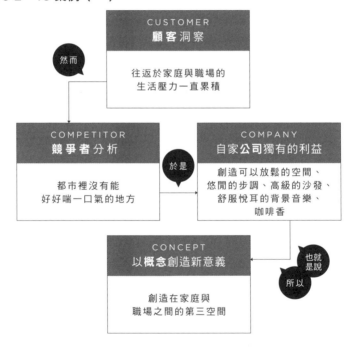

　　能理解故事的大綱了嗎？從這裡開始，將深入分析三個 C 的意義。最初的 C 是顧客洞察（Customer Insight）。

3-2

Customer
找到顧客洞察的方法

▌真正想要闡述的內容，無法成為詞彙

很突然地，如果被夥伴問「工作和我，哪一個比較重要？」這時你會怎麼回答呢？通常被這樣問的人，大概都會回答「當然是你囉」或是「都很重要」。但是有一位認識的友人，卻斷定不論回答哪一個都是大錯特錯。正確的回答方式應該是：「讓你覺得寂寞，真的很抱歉。」帶著賠罪的心意並緊緊抱住對方。「會向對方提出這樣的問題時，人們並不是想要尋求真正的答案。而是說不出『我覺得很寂寞，希望能多照顧我一點』，如此而已。」是這樣的思考邏輯。但我無法向各位保證，這個答案可適用於所有的情況，因此也不會推薦。即使如此，這位友人的思維莫名地讓人認同。

真正想要傾訴的無法訴諸詞彙，這樣的情況，我們應該非常能清楚才是。特別是在戀愛方面，應該多數人都有相關經驗吧。在情歌中，無法訴諸詞彙的痛苦或是悲傷，才更能跨越時代持續傳唱。就連近年經常用於廣告曲的 Off Course 樂團的代表作〈無法言喻〉（言葉にできない）等等，唱出那種「難以言喻」、「無法傳達」、「找不到適合的詞彙」等令人焦急卻無可奈何的心情的樂曲，直到現代，仍舊持續創作。

當然這樣的心情並不僅限於戀愛。各位在與他人對話的過程裡，應該也無法將自己的一切開誠布公，坦率地說出口吧。姑且不論是和特別合拍的朋友聊天，多數的人應該會配合場合或氛圍，說些顧全大局的話。大家都用詞彙說謊。儘管如此，只要是在商務場合，不知怎麼的，**「我們總是會將想表達的一切轉化成語言」這樣的前提**進行交流。

▌ 想要吃沙拉的幻聽

　　這是發生在一家連鎖速食店的意外。在進行大規模的市場調查的結果，發現消費者不只是想吃漢堡或薯條，「希望吃到滿滿蔬菜的沙拉！」這樣的意見相當踴躍。來自全日本消費者的真實心聲，自然是不能輕忽以對。為了回應消費者的期待，企業方也開發出能讓消費者享受到滿滿蔬菜的沙拉菜單，並在全日本銷售。

　　接著就只要等待售罄的回報就可以了。然而，業績卻是慘澹收場。究竟「想要吃沙拉！」這樣的心聲只是幻聽嗎？其實並非如此。只是，消費者真正的需求，在問卷或訪談的過程當中並未充分表達而已。像是在會議室這樣的場合中被詢問理性層面的問題，人們總是會不自覺地，回答出和平常截然不同的想法。事實上，消費者根本就不知道自己到底想要吃什麼。沒有特別深遠的意圖，只是認為「全世界對於健康的意識持續高漲，應該沒有錯吧」於是支持推出沙拉菜單，這情況也並非不合理。

　　順帶一提，從生活者的言行不一致的情況中，重新學到教訓的企業，將吃完沙拉後立即享用厚肉塊當成特色產品，某種

程度可以說是推出和沙拉的價值完全相反的產品。結果，成為寫下歷史紀錄的暢銷產品。

▍僅5%能訴諸詞彙

哈佛大學的杰拉德・扎爾特曼（Gerald Zaltman）博士在其著作《為什麼顧客不掏錢》（*How Customers Think*，繁中版由早安財經出版）中，提到人類對於自我意識中僅認知約5％的程度而已，其餘95％的無意識狀態，則是大大地影響思考與行動。5％究竟是否為正確的數字，也是需要驗證的吧。即使如此，關於絕大部分都是在無意識之下進行的認知，在現階段似乎是正確的理解。

請看圖3-3。如果將整體意識比喻成一座冰山，人類可自行用語言描述欲望需求的，僅是突出於海面上的部分而已，稱為「需求」（needs）。另一方面，在海面下，不論是無法意識到的，就算注意到也無法訴諸詞彙，無意識的領域正逐漸擴大中，這是「洞察」（insight）長眠的地方。

圖3-3：需求和洞察

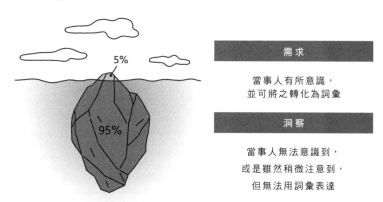

5%

95%

需求

當事人有所意識，
並可將之轉化為詞彙

洞察

當事人無法意識到，
或是雖然稍微注意到，
但無法用詞彙表達

所謂洞察，簡單來說是什麼呢？

如果要去定義商業中的顧客洞察，可以用**「尚未滿足的隱藏需求」**來表達。其實嚴格來說，無論是否有所不滿或是痛苦，可能真正的面貌連本人都並未注意到。在聽到卓越洞察的瞬間，「你這麼一說可能是那樣沒錯！」這樣，讓人不自覺地想一拍膝蓋。這種讓人有「啊！」的恍然大悟感，就是「共鳴」與「發現」的綜效（圖 3-4）。

圖 3-4：觀察矩陣

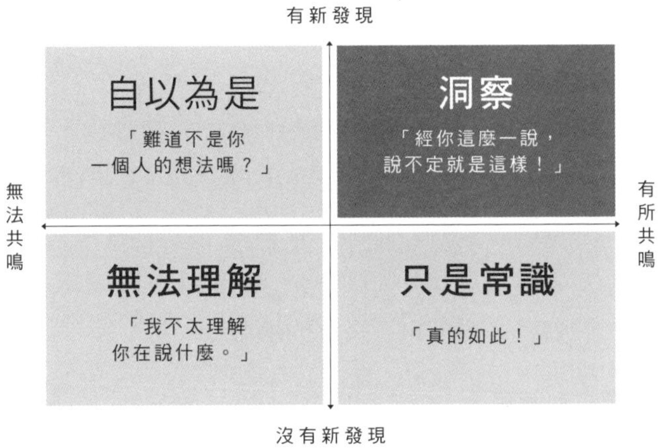

有新發現

自以為是	洞察
「難道不是你一個人的想法嗎？」	「經你這麼一說，說不定就是這樣！」

無法共鳴　　　　　　　　　　　　有所共鳴

無法理解	只是常識
「我不太理解你在說什麼。」	「真的如此！」

沒有新發現

縱軸是以「有無新發現」區分，橫軸是以「能否引起共鳴」進行分類。在諸多商業資料中可見的洞察，則是被歸類在右下的「只是常識」。

例如**「夜晚想要沉沉入睡」**這樣的說法，怎樣都不會有人反對吧。但是，這完全沒有找到任何的新發現對吧。這就是所謂，只要一句「真的如此！」就可以總結的常識。

那麼只要是新的就好了嗎？這麼說也不對。例如「**取得自己的睡眠數值，自己進行分析**」這樣的洞察假設，聽起來是滿新鮮的。但是，能引起大家的共鳴嗎？僅是極少數的人，或是企畫者本人才能理解的內容，很容易變成「自以爲是」。至少要讓被設定成目標對象的人們感到「我懂！」的共鳴。生活的新徵兆，並不一定被稱爲是洞察，這一點請務必注意。

我們應該理解的洞察，其實應該是如圖右上所示，伴隨於「共鳴」與「發現」，必須能產生「**經你這麼一說，說不定就是這樣！**」這樣反應的語句才可以。明明誰都從老早以前就感受到了，但誰也無法訴諸詞彙表達。找到這樣的心理，並轉化爲詞彙。

2021 年發行的合利他命（Alinamin）night recover，就是帶動日本社會在睡覺前養成喝營養飲料新習慣的商品，一年銷量上看 1250 萬瓶，堪稱是主打商品。很多的營養飲料幾乎都是將產品定位在一天的通勤時間進行開發的。**但是生活者想要改變的，並不是下午或是傍晚，而是「早晨睡醒的時間」**。正是靠著這樣的發現，和掌握引起共鳴的洞察，「**改變早晨時光**」這樣的提倡詞彙，才能吸引到多數的支持。

那麼這樣的洞察，究竟應該要怎麼表現呢？首先請先學會，在下一個章節將介紹的基本句型。

真實的聲音，隱藏在矛盾之中

線上超市 Oisix 有提供 Kit Oisix 套餐，將必要的食材搭配成一個套餐，約 20 分鐘就可以完成一個有主食與副餐的套餐。自 2013 年 7 月開始販售以來，持續每週銷售約 20 種品項的套

餐組合，至 2021 年 2 月爲止累計銷量已超過 7,500 萬份套餐。當然，2020 年新型冠狀肺炎（COVID-19）宅在家的生活型態，讓這樣的套餐組合銷量快速成長，可能也是一大原因。但是像這樣的宏觀趨勢，就算能解釋帶動整體家庭飲食需求的原因，也無法說明遠超越平均表現的 Kit Oisix 成長的情況。在 Kit Oisix 大幅成長背後的洞察，究竟是什麼呢？

一般來說，大概都會推測「不想在料理上花費太多功夫」的心理。但很快就會了解到這並非正確答案。20 分鐘做出兩道料理，和其他產品相較之下，並不見得能用「簡單」來形容。應該隨意就能找到其他更多，主打能在更短時間內出餐的套餐組合才對。

事實上，Oisix 反而大膽設計出讓人願意稍微花一些「工夫」來製作餐點。這究竟是爲什麼呢？ Oisix 的負責人在受訪中提到，「我們注意到讓消費者擁有『這是我做出來的料理』的實感是非常重要的部分」。以及，當成在服務開發的關鍵字，也提出「消除愧疚或罪惡感」。

對於生活者而言，確實會追求**「不需耗費心力的事物」**。特別是自新型冠狀肺炎爆發以來，在家做菜的機會開始增加。另一方面，和這種情況似乎相互矛盾的是，同時又存在**「不想有所疏漏」**的想法。因此也就自然會注意到，在食材方面的均衡攝取等健康知識，「希望能確實做出一道眞正的料理」讓家人享用。

也就是說，Kit Oisix 所掌握到的洞察點，就在於**「不想太麻煩，但也不想有所疏漏」**的心理。在這一句話字中，很清楚地呈現矛盾。正因如此，才會出現連自己也難注意到的情況，也難以言喻。

問人「想要什麼樣的套餐組合呢？」也有可能因為引導的技術不高明，而獲得「不想太麻煩」之類以節省時間為導向的答案。相反的，「想做出有滿滿的蔬菜，對健康有益的料理」之類健康導向的答案，很容易給出偏重於哪一方的答案。如果誤以為這些就是顧客真實的心聲，就變成只專注在開發短時間即可料理的套餐組合，或是推出無視於費工程度的健康食品。但是 Oisix 並未犯下這些認知上的錯誤。不可忽略的是，「不想太麻煩」的現代人內心，正因自身疏漏而有罪惡感。

▎表現個人洞察的句型

就像這樣的案例，**洞察其實存在於矛盾的心情所引起的對立之中**。如果是這樣，用來表現洞察的詞彙，想必也會是表現出矛盾的敘述吧。圖 3-5 是描述洞察的基本句型。在心理 A 與心理 B 各自寫入對立的心理狀態。以 Oisix 的例子來比喻，心理 A 是指「不想這麼麻煩」，心理 B 則是「不想有所疏漏」。而將相互對立的 A 與 B 連在一起之後，就會寫成「不想這麼麻煩。（但是又）不想有所疏漏」的語句。這個「**雖然 A 但是 B**」**就是掌握洞察的基本句型**。其他案例的洞察，也請試著用同樣的句型轉化為詞彙。

▎風倍清（Febreze）發掘到的洞察

1998 年，當成布製品專用的除臭芳香劑在日本銷售的風倍清，現在已經成為日本家庭不可或缺的商品。如何描述風倍清所掌握到的洞察呢？

圖 3-5：洞察的句型

| 心理 A | 不想這麼麻煩 |

但是

| 心理 B | 不想有所疏漏 |

心理 A：想去除家中的臭味

　　首先第一個心理是，不能忽視「想除臭」的想法。如果是
自己注意到的也就算了，但如果客戶或是朋友來訪之際，你一
定不想聽到他們說「好像有什麼臭味」。但是如果只有「想除
臭」，不會成為購買風倍清的理由。因此需要再找到另外一個，
會產生矛盾的想法。

心理 B：洗滌所有的東西很麻煩

　　日本人原本就是一旦有臭味，不管三七二十一就全部清洗
的個性。因此在風倍清引進日本時，似乎連愛乾淨的日本人也
熱烈討論「這個商品真的有必要嗎？」但是，實際讓使用者使
用風倍清驗證之後，就了解到通常都是在棉被曬乾之前使用。
的確，如果棉被有臭味就要清洗，那真是沒完沒了；沙發和窗
簾也是同樣道理。就算對於臭味很介意、什麼都要洗的日本人
而言，想到每次都得大費周章清洗，也會覺得很麻煩。

　　就這樣，風倍清發現了「**雖然想要去除家中臭味，但清洗
很麻煩**」的洞察。對於這個新的洞察，樹立「**清洗無法清洗的
東西**」的概念，風倍清在日本開拓了全新的除臭除菌噴霧市場。

▌ THE FIRST TAKE 所掌握到的洞察

　　THE FIRST TAKE 是自 2019 年 11 月起，開始營運的 YouTube 頻道，在 2021 年 11 月兩周年之際，總訂閱人數突破 500 萬人。頻道上的所有影片總播放次數超過 15 億次，成為在日本最有影響力的音樂媒體之一。如同其提出的概念「**一鏡到底的拍攝，與音樂直接面對面**」，歌手除了眼前的麥克風之外，就是站在一個什麼都沒有的，簡樸的錄音室中，以一鏡到底的方式演奏音樂。過程中就算唱錯歌詞或是音準失準，直播不會停止，原則上不會重新拍攝也沒有任何加工。儘管 YouTube 上存在無數各式各樣經過剪輯的演出畫面，但為何如此簡單的音樂頻道能引起高度迴響？試著從所謂洞察的角度觀點思考看看。

心理 A：想輕鬆享受音樂

　　由於是 YouTube 頻道，果然前提是能讓人輕易地享受音樂吧。訂閱喜歡的歌手頻道，或是從被推薦的影片認識新藝人等等。YouTube 對於年輕世代而言，已經確立成為新的音樂媒介。但是在這樣的便利性背後，使用者仍覺得似乎有什麼不足。

心理 B：想要看到藝人的真本事

　　THE FIRST TAKE 的營運團隊思考的是，為何在網路上的音樂影片，沒辦法帶來如同現場演出般的感動呢？因為 YouTube 上可重複播放的官方影片的音樂，幾乎都是經過無數次的重錄，加工之後，成為完美的作品。就連現場演出的影片，也都是將美好的片段編輯加工後再上傳的內容。但是現場演出之所以讓人感動，不就是為了這不會再有，僅只今日的演

出，而感受到歌手「認真面對」的覺悟而產生的情緒嗎？因為只有這麼一次，人們才會認為那是真實的。就像樂迷那樣追求真正的本質，不是嗎？這就是 THE FIRST TAKE 團隊所找的，另外一種心理。

也就是說，THE FIRST TAKE 呈現出的感覺是，「**雖然想輕鬆享受音樂，但也希望能看到藝人的真本事**」，對於歌迷想要更多的洞察，事實上早就提出清晰的答案了。

至此，我們解說了關於洞察的句型。在習慣如何掌握洞察之前，請堅持使用「雖然 A 但是 B」的句型。因為好的洞察，能夠掌握到完全相反的矛盾心境的變化。但是，這並不意味著，洞察一定要遵照「雖然 A 但是 B」的句型。請試試各種已經熟悉的詞彙表現吧。

洞察與概念如同硬幣的正反面。如果找到正中紅心的洞察，自然就會找到隱藏在背後的概念。並且，這兩者的關係正是洞察型故事的主軸。顧客面臨怎麼樣的矛盾對立，能如何提出解決方案呢？像確立主軸般串起完整的故事。

3-3

Competitor
如何找到眞正的競爭者？

洞察的下一步，是思考競爭者（Competitor）。雖然在經營戰略與行銷戰略的建立方面，有許多分析競爭關係的角度，但在故事的設計上，關鍵在於找到競爭關係的「弱點」，以及在待客之道上的「疏忽」。簡而言之，就是指出「明明目標對象如此困擾，但不論是誰都沒有辦法不是嗎？」的市場空白，也就是說，只要找到自己公司的機會就足夠。

▎ 對手不是競爭者

首先，從宏觀的角度來思考眞正的競爭對手是誰開始。請參照圖 3-6。

這張表單是在找到競爭對手之際，同時發現戰勝競爭對手的途徑而製作的模板。在左側有三個圓。這是指如何從較小的數字開始，依序在**類別（category）、工作（job）和時間（time）**這三個層次當中找到競爭關係。具體而言將鎖定的競爭者名字等，寫入右邊的四個角落。甚至是描述「造成顧客不滿的競爭者弱點」。如果能確實地填滿空格，光是這張表單，就能將競爭者與其「疏忽點」列出一覽表。也就是說，這對於挑戰方而言，是一套可將機會清楚呈現在眼前的工具。

在這裡，我們設想亞馬遜（Amazon）電子書的領導產品

Kindle 是銷售給「在通勤電車上閱讀書籍的商務人士」為商業課題，一邊分析競爭者、一邊思考框架的意義。首先就從最小的圓「同一項目的競爭者」開始。

圖 3-6：找出競爭者的方法

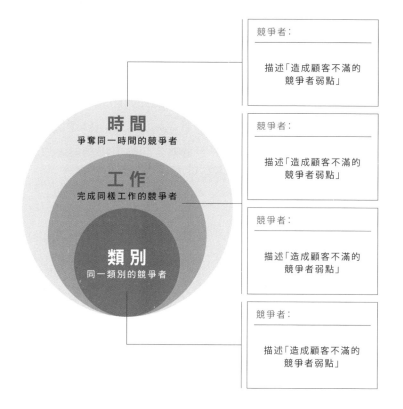

類別：同一類別的競爭者

對顧客而言，在市場內做為比較檢討的對象，就屬於「同一類別的競爭者」。也就是思考競爭企業、競爭商品。屬於清涼飲料項目的可口可樂（Coca Cola）和百事可樂（Pepsi Cola）、航空項目的全日空（ANA）和日航（JAL），雖然各自的特性、

企業哲學與事業結構截然不同，但顧客多半會同時評估兩家，這一點就是所謂的同一類別的競爭者。

Kindle 的競爭者，是其他公司的電子閱讀器。在圖 3-6 中，不妨寫下具體的品牌名或是企業名稱。在競爭者下方的空白處，則是寫下觀察到競爭者有「疏忽」的部分，也就是「造成顧客不滿的弱點」。

例如，其他公司的電子書籍和 Kindle 相比，弱點是「書籍種類不豐富」的情況，應該就能判斷，這是導致目標客群的商務人士閱讀家產生的不滿。其他像是「操作流暢度」、「電池續航時間」、「電子紙的易讀程度」等也可試著比較看看。

如果是經由獨自調查所取得的資料，應該可以既廣且深地，將包含其他公司在內業界既有的疏忽，甚至是細節，更加突顯出來吧。然而，像這樣只關注並比較市場內的競爭，構想無法拓展。因此需要從「工作」與「時間」之類的觀點探索競爭。

工作：完成同樣工作的競爭者

所謂工作，指的是「**顧客透過購買的東西或服務想達成的事情**」。例如若是汽車製造商，同一類別的競爭者自然是其他的汽車製造商，但如果從顧客為了達到「通勤」這個工作，而使用汽車的觀點來看，可以想到的競爭者就包含電車、計程車、公車、機車、自行車等。顧客為了達成「通勤」這個目的，從各式各樣的選擇中「**聘雇**」最好的類別，用這觀點來理解，就是所謂工作的構想。

Kindle 的情況，如果以直觀理解，大致可以分成兩種工作。一種是「買書」。另一種是「閱讀」。對於第一種「買書」工作而言，最優先想到的競爭者是實體書店。對於書店而言，

可能會有意想不到的邂逅或是新發現，這是用數位工具絕對無法取代的價值。另一方面，因為工作原因需要購買特定的專業書籍的時候，在書店找書所耗費的時間和工夫這一點可能導致顧客不滿，書店迷應該也能理解。

另一種「閱讀」工作的競爭者是「紙本書」。紙本書能掌握整體的內容量，也可以寫筆記、摺頁等自由地使用，好處不少。另一方面，若是想到要帶好幾本書行走，就不利於紙本書了。「很重體積又大」的紙本書弱點，對於 Kindle 而言就是機會。如果是電子書，即使帶著一百本書籍行走，也不過是幾百克的重量而已。

時間：爭奪同一時間的競爭者

最後受到注目的是，**從時間這個觀點所找出的競爭者**。Kindle 是和什麼樣的產品或服務，爭奪搭電車通勤的商務人士的時間呢？

例如，智慧型手機的新聞應用程式（App），不知何時開始成為通勤族的新習慣。從享受通勤時間的內容產物這層意義來看，podcasting 等聲音內容也不可忽視。應該也有樂於使用社群網路服務（SNS）的人。隨著個人習慣不同，應該也有透過網購平台購買東西的也說不定。

其中，做為內容產物享受其中的方式，則是設定成與 Kindle 相近的「訂閱制影像選播服務」的競爭者。如何能找出贏過影像選播服務的方法呢？雖然有許多觀點，例如鎖定暢銷動畫作品的「原著」。影音網站有許多的暢銷作品原作是來自於小說或漫畫等書籍，只要瀏覽動畫的評價，處處可見來自於書迷「請務必閱讀原作」的心聲。如果是影音網站的使用者，「知

道原著內容，更能享受動畫內容」之類的說詞，應該有一定程度的影響力。

　　圖 3-7 是將至今關於競爭者的討論彙整而成。設定好三個層面的競爭者，將各自的弱點與疏忽之處並列。這些點都可以「換句話說」，轉化為自家公司的發展機會。有些觀點其實需要經過與競爭對手的比較才能獲得的。由於堅持勝利，才能找到價值。關於競爭者進行考量的本質，其實也是一種找到自己競爭優勢的全新可能。

圖 3-7 思考 Kindle 的競爭者

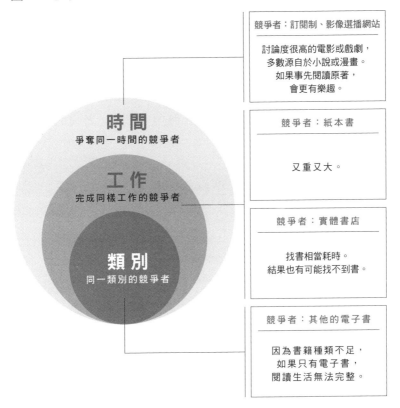

3-4

Company
自家公司具備獨有的利益嗎？

▌將優勢分類

至今我們鎖定了顧客感到困擾的課題，並且分析了競爭者的疏忽點與弱點。下一步，就輪到我們展現出能夠做到什麼的時候。只有公司自己才能伸出的「援手」，也就是思考自己公司優勢的第三個 C（Company）的主題。

在分析商品・服務的優勢之際，需要從**事實（fact）**、**好處（merit）**、**利益（benefit）**這三個角度思考，各自的定義如圖 3-8。

圖 3-8：將事實、好處和利益三個概念分類

FACT 事實	MERIT 好處	BENEFIT 利益
該商品或服務所擁有無可撼動的客觀事實	事實本身帶來的一般好處	對於目標對象特別強力訴求的優勢

之前在亞馬遜、Kindle 電子書閱讀器的競爭者分析中，有討論到紙本書「又重又厚」。對此，在考慮對 Kindle 可能提出什麼樣的方案之際，也需要分類優勢。繼續以商務人士為目標客層。

首先是事實。所謂事實，就是「**商品或服務所擁有的客觀事實**」。基本規格的 Kindle（2023 年 3 月時）的重量標示為 158 克。「重量 158 克」。這就是客觀的事實。

接著，思考看看這個事實帶來的好處。所謂好處，就在於「**誰都能理解的事實**」。從電子書籍閱讀器「重量 158 克」的事實，似乎可以引導到「帶多少書行走都可以」這樣的好處。

最後是利益。利益是翻譯自**對於目標客群特別強力訴求的優勢**。「帶多少書行走都可以」，這對於商務人士而言究竟具有什麼樣的意義呢。例如，可以表現成是「把整間書房帶著走」。這就是 Kindle 對於商務人士而言最大的利益。

利益雖是向目標客群提出強力訴求，但請留意，有些利益的性質，是目標以外的其他人可能無法理解的。例如，對於熱愛漫畫的高中生提出「工作有關的繁重參考資料，其實可以全部放進口袋中喔」，這樣的傳達內容，想必對方只能無言以對吧。是否以目標為前提，會決定分類為好處或利益。

圖 3-9 則是一併寫出從另外一個「超過 700 萬冊書籍」的事實，可帶來哪些好處與利益。日本國內擁有最大超過 700 萬冊書籍的規模，這意思是指，只要有網路環境，就可以擁有「想要閱讀的書籍幾乎隨時可得」的好處。對於職場工作者而言，這句話應該能翻譯成帶來「省下找資料的勞力與時間」的利益。

像這樣用三個 C 建立起故事架構後，最後，就是交棒給概

圖 3-9：分類 Kindle 的優勢

FACT事實 （客觀事實）	MERIT好處 （普世價值）	BENEFIT利益 （對於目標對象強力 訴求的優勢）
重量158克	帶多少書 行走都可以	把整間書房帶著走
總計超過 700萬冊的書籍	想閱讀的書 隨時可得	讓找資料的時間， 變成工作的時間

念一句話。用「也就是說」或「於是」的接續詞來連接，描述
準備用整體故事創造的「新意義」。那概念，解決了在洞察欄位
中所描述的顧客的煩惱嗎？競爭者難以模仿的自己公司優勢，
有充分活用了嗎？從這樣的觀點不斷地磨錬出適當的詞彙。將
概念精簡為一句話的方法，會在第五章解說，在本章請以用三
個 C 堆疊創造故事，達到讓概念「暫存」的狀態為目標。

洞察型故事的實作

做爲第三章總結，用小作業的形式，實際操作如何設計故事。如果可以，請保留時間從頭開始練習，這樣比較有效。

課題
石田豆腐店

石田豆腐店是一家大約從 1970 年前就開始營業的老字號豆腐店。從製造到在直營門市的銷售，也有經營電商網站。招牌產品是被稱為「石豆腐」的硬豆腐。比一般豆腐多 2.8 倍的大豆製作，因擁有蛋白質等營業價值非常高而聞名。另一方面，石豆腐和一般豆腐同樣熱量較低。以日本國產大豆與天然鹽滷為原料，利用當地的清澈溪流製作，價格約是一丁*400 日圓左右，是一般豆腐的三倍。食用方式並不是冷冰冰地直接吃，一般都是作成「豆腐排」，就算是用於做麻婆豆腐，也不會輕易碎掉。如果用刀切，還能當成生魚片品嘗。至今仍是家鄉名產，不論是伴手禮或網購都獲得好評。

* 日本計算豆腐的單位，根據 cookpad 網站說法，一丁並無明確規範是多少重量，因根據地方與商品種類不同而不同，但在食譜上的「一丁」是指 300 至 400 克。
（資料來源：https://cookpad.com/cooking_basics/5949）

但是，社長希望能石豆腐能進一步向一般家庭推廣，正在考慮新產品和新服務的研發。目標客群是居住於都市區的家庭。規畫的戰略是，味道當然要美味，但更注重「高蛋白質」與「低熱量」，對於常往返於健身房的夫妻，或家中有學習運動技能的孩子的家庭，也是該公司目標。

目標：都市區的家庭

夫妻都有上健身房的習慣／或是小孩正在學習運動技能

1. 有○○○○這樣煩惱的家庭。

（Customer ｜ **顧客**洞察）

2. 然而，對於其他商品或企業而言，有○○○○的問題

（Competitor ｜ **競爭者**分析）

3. 於是，石田豆腐店決定要做○○○○（Company ｜ **自家公司**獨有的利益）

4. 也就是說，提案是○○○○

（Concept ｜ 以**概念**創造新意義）

思考方式與回答案例

之所以用豆腐做為題材，是因為這是對任何人而言都很熟悉的食材，也是傳統的食材，正因為如此，比較不會受到最新趨勢或技術影響，而能純粹從商品與人的關係來思考故事。當然，概念沒有嚴格的正確與否的分別，只是做為參考，先示範一種思維。

1 CUSTOMER ｜顧客洞察

還記得洞察的句型是「雖然 A 但是 B」來描述的嗎？試著探詢這對經常前往健身房的夫妻對於飲食的矛盾點吧。

心理 A：想要有效率的攝取蛋白質

只要去健身房，就可以從指導員身上學到關於飲食生活的重要性。其中當然會推薦要有效率地攝取蛋白質。事實上，高蛋白的食材或食品，在健身房附近的便利商店是熱賣商品。因此，首先必須掌握「如何有效率地攝取蛋白質」的意願。下一步就是考慮看看，是否存在與上述意願相反的另外一個心理，導致矛盾產生呢。

心理 B：討厭淡而無味的飲食

關於高蛋白的食材，不少是淡而無味的。即使被視為是肌肉鍛鍊的夥伴代表雞胸肉，雖然已經開發出種種烹調方式，但還是有極限。因此目標對象應該都一直抱持著「討厭淡而無味的飲食」的想法。

洞察就以「**雖然想要高效率地攝取蛋白質，但討厭淡而無味的的飲食**」來敘述。其他像是「**雖然想要攝取優良蛋白質，但烹調實在很麻煩**」或是「**雖然能增肌是很棒啦，但不想變胖**」這樣的認知應該也不少吧。雖然上述句型都能成立，但要以怎樣的洞察為起點，將會大幅改寫後續的故事，這點請先留意。

2 CUSTOMER ｜競爭者分析

確定目標、建立洞察的假設之後，接著就是分析競爭者。在

三種層次中，掌握競爭者，就會找到「弱點」或「疏漏」。

項目：一般豆腐
弱點：相比之下蛋白質較少

與石豆腐在同一項目的競爭者，是一般豆腐。從「有效率地攝取蛋白質」的觀點來看，就算價格稍微高一些，石豆腐似乎還是保有優勢。

工作：雞胸肉或是蛋白粉等高蛋白食物
弱點：烹調變化較少

如果將「攝取蛋白質」設定成工作，在競爭者這部分，就會以雞胸肉等當成例子。確實，這可能會是比較有效率攝取蛋白質的方式，但是時常吃同樣的食材，很容易膩吧。蛋白粉雖然也很方便，但只以蛋白粉取代飲食的話，恐怕很難滿足吧。高蛋白的食材似乎存在著「烹調變化較少」的弱點。

時間：健康路線的餐廳等
弱點：花費大把金錢與時間，卻不符合家人的習慣

在時間這層意義上，外食應該也是競爭者之一吧。有不少餐飲店是鎖定健身後的時間營業。也有將優良的蛋白質做成豐富的菜單，迎合體態雕塑者所需的店家，但顯然「由於很花錢也花時間，不太可能每天都帶家人去吃」。

對照先前發現的洞察「雖然想要有效率地攝取蛋白質，但討

厭淡而無味的料理」,「**高蛋白食材的烹調變化很少**」這一點,很可能就是當成目標的既有商品弱點。

３ COMPANY │自家公司獨有的利益

對於「討厭淡而無味的飲食」的人們而言,石豆腐會提出什麼樣的提案呢?將石豆腐的魅力,用事實、好處、利益來分類。

事實:較一般豆腐高出 2.8 倍的大豆量。烹調過程中不輕易碎裂的硬度。

對於石豆腐而言有強力的事實。那就是「比一般豆腐高二 ·八倍的」大豆量且是高蛋白食材。此外還有,因為石豆腐比一般豆腐較硬,因此即使是用於做麻婆豆腐等豆腐料理,也不會輕易碎裂的事實。

好處:對於人體必要的蛋白質,可用各種烹調方式製作

根據上述事實帶來的一般好處是什麼呢。一個是,可以大量攝取對人體而言必要的蛋白質。還有另外一點是,能用於牛排或麻婆豆腐等多種令人胃口滿足的料理。幾乎可以說是有各種讓人吃不膩蛋白質的烹調方式盡情品嘗,這應該是多數人可以理解的好處。

利益:可以愉悅地持續塑身。

像這類的食材的好處對於目標所帶來的利益,在於原本連飲

食生活也感覺痛苦的身材雕塑，能毫不費力，愉悅地持續下去吧。

4 CONCEPT ｜以概念創造新意義

一起來梳理目前的過程吧。目標是生活於都市區的家庭類型，有經常上健身房，注重健康的夫妻，或是家中有參加運動課程的子女的家庭。

儘管發現「雖然想要有效率地攝取蛋白質，但討厭淡而無味的飲食」的洞察，但「高蛋白食材較缺乏烹調多樣性」的情況持續。於是，石豆腐才會思考出，善用「大豆量 2.8 倍」的特徵，提出「讓人可以透過各種烹調方式，品嘗身體必需的蛋白質，讓雕塑身材得以愉悅地持續」這樣的利益。

對於這樣的過程，用到的是「也就是說」或「所以」的連接詞不斷延伸來思考概念。重要的是，營養價值不必說，希望讓更多人認知到還有很多種烹調方式。如果可以做到時常變化料理方式，就能讓消費者每天都吃豆腐料理，顧客應該也能不嫌膩地，每天都享受吃飯的樂趣。於是石豆腐就以**「讓身體更加強健的美味習慣」**為概念，決定推出新商品**「石豆腐的 100 道食譜」**。

石豆腐之所以將「食譜」當成主軸，說明其目標不在於讓豆腐爆紅大賣，而是讓石豆腐在「健康習慣」的形象上逐漸深植人心。這與石豆腐所訴求的，豆腐具有可連續吃 100 天都不會膩的烹調多樣性息息相關。或許可以推出，先寄送第一個星期的豆腐量，如果喜歡，再追加訂購的方案也不錯。

5 四個 C

四個 C 已經完備。在這裡，先把焦點放在故事而不是點子（創意）本身。請看圖 3-10。

圖 3-10：4C 案例（二）

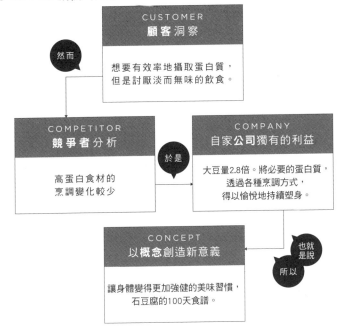

1. 懷抱著**想要高效率攝取蛋白質，但是討厭淡而無味的飲食**這樣矛盾的生活者。

2. **然而**，很可惜的是，高蛋白食材存在**烹調變化太少**這樣的課題。

3. **於是**，我們著眼在石豆腐**擁有比一般豆腐高 2.8 倍的大豆量**的事實，提供**透過多變的烹調方式攝取身體必要的蛋白質**，協助**得以愉悅地持續塑身**。

4. **也就是說**，那就是**讓身體更加強健的美味習慣**的提案內容。要不要試試**石豆腐的 100 天食譜**？

將概念寫成文章

在市場調查中，通常會將概念寫成文章，並讓預設的目標顧客評價。以下的文章，就是直接以剛寫成的四行故事結構為基礎，以能夠理解點子的程度為限，追加服務資訊所完成的內容。

雖然想要很有效率地攝取蛋白質，但討厭淡而無味的飲食。
開始鍛鍊肌肉的幾個月之後，我想大家都是這樣想的。
對於**高蛋白食材烹調方式缺乏變化**，難道不辛苦嗎？

正是希望讓有那樣想法的你，能了解石豆腐。
其**大豆量竟然是一般豆腐的 2.8 倍**。切開變成生魚片、烤了之後就能變成豆腐排的萬能性，可以**透過多變的烹調方式嘗到必要的蛋白質**，而不會覺得膩。
如此一來，就能**一邊愉快進食、一邊持續塑身**。

對於想要增肌的大人，正在發育期的孩子而言。
讓家人都開心的 100 天份的食譜，以及一個星期份的石豆腐，將成套寄送給你。

今日的飲食就是明日的身體。
請開始啟動改變未來的飲食習慣吧。

讓身體強健的美味習慣　石豆腐 100 天份食譜
石田豆腐店

由於是將四個方塊的詞彙，盡可能按照原文使用，因此可能會出現比較不自然的表現。但是和廣告的正文不同，不需要追求名言佳句，或堅持優美的修辭或用詞。首先，如何正確地傳達意義是首要目標。光是先寫下來一次看看，不僅能馬上判斷出整體故事連結程度的好壞，也有助於順利對外發表的好處。請務必養成將概念轉化為文章的習慣。

☑ **所謂洞察型故事，**
就是拯救顧客的故事

- 用四個 C 組成
- Customer（顧客）、Competitor（競爭者）、Company（自家公司）、以及 Concept（概念）。
- 有正在煩惱的人。**然而**誰也幫不上忙。**於是**提供協助。**也就是說……**
  建立結構。

☑ **所謂洞察，就是**
「尚未被滿足，隱藏起來的需求」

- 描述洞察的基本句型是**「雖然 A 但是 B」**。
  寫下 A 與 B 相互矛盾的兩種心理。
- 例）Oisix Meal Kit
  不想要太麻煩（但是）又不希望有所疏漏。
- 例）The First Take
  想要輕鬆享受音樂（但是）又想要目睹歌手的真本事。
- 例）風倍清
  想要去除家中的臭味（但是）清洗實在太麻煩。
- 洞察與概念的連結是最關鍵的部分。

☑ **競爭者**
只要對於勝利有所堅持，就能發現價值

- 從三個觀點尋找競爭對手的「漏洞」與「弱點」。
  那就會是品牌的機會。
- ① 項目：同一個項目中的競爭者是誰？
- ② 工作：順利完成同樣工作的競爭者會在哪裡呢？
- ③ 時間：和你爭奪同一時間的競爭者是誰？

☑ **自己公司　僅自己公司能做到的利益是什麼呢？**

- 用三個觀點為優勢進行分類
- ① 事實：商品與服務擁有的客觀事實是什麼呢？
- ② 好處：不侷限目標的普世利益是什麼呢？
- ③ 利益：對於目標強力訴求的利益是什麼呢？

第 4 章

以未來觀點
設計的
「願景型故事」

在第三章中，我們學到了從顧客角度創作故事的過程。如果能從生活者心理層面的矛盾精心設計，想必能成為引起顧客共鳴的概念。但是，洞察型故事也並非萬能。它也存在著較難以創立領先時代的概念的弱點。

在說明洞察之際，我曾將那些雖然是嶄新觀點但無法引起共鳴的內容歸類為「自以為是」而捨棄過（參照「所謂洞察，簡單來說是什麼呢？」）。但回顧歷史之後，發現那些在日後被稱為創新的概念，滿多是源自於在當時可能被旁人認為是自以為是的構想或妄想而來。

留下「不要聽信顧客的反應」經驗的著名經營者不知凡幾。像是成功量產汽車的亨利‧福特（Henry Ford）所說（雖然被世人認為是他說的，但出處不明）**「如果詢問顧客想要什麼，得到的回答應該都是希望想要一匹跑更快的馬。」**這一段話廣為流傳。此外，賈伯斯也曾說**「人在親眼看到成形的東西之前，是連自己想要什麼都不知道的。」**他自己是討厭詢問顧客需求的市場調查。索尼（Sony）的創辦人井深大也曾提到：「根據市場調查結果企畫新產品，可能是美國的常識。然而，**真正的新東西，是在產品上市之後，才第一次做了市場調查。**」（1970 年 10 月創新國際會議演講）

當然，如果將這些發言解讀為「那就無視顧客的聲音吧」是太過草率了。就像我在洞察的項目中所說明的，顧客對於真正想要的東西是無法訴諸詞彙的。正因如此，應該把這些話語理解為，創造者應率先創造並提出有價值的內容才對吧。

在第四章要學習的是，設計一個以未來觀點所闡述的願景型故事。以創造者所相信的未來為起點，引導出概念。讓我們從理解在闡述未來時，不可或缺的使命（mission）與願景（vision）的兩個概念開始。

願景型故事的要點

▌用詞彙連結過去與未來

各位讀者應該多少都有聽過「使命」（mission）或「願景」（vision）這樣的詞彙吧。但是能夠確實地說明這兩個詞彙的意思嗎？

圖4-1：使命與願景的定義

MISSION 使命

組織持續承擔的社會使命

VISION 願景

組織瞄準的理想未來

MISSION 的語源，是拉丁語的 mittere（寄送）。在基督教文化中開始有「將神諭傳達予你」的意義，並和「傳道」這樣的宗教行為結合，演變為現代所說，表達「使命」的詞彙。可能是因為和神諭緊密結合的關係吧，現在使命也隱含著「來自社會要求」的強烈語氣。在這裡，和單純的「目標」或是「目

的」有所不同。也因此，依據商業脈絡，若是譯爲中文，理解爲「社會使命」可能會較爲適當。

另一方面，VISION 的語源則是拉丁語的 videre，這個詞彙常當成「我所看到的」的意義來使用。由此再衍伸出視覺或視力、遠見或預測等意義。在商業上應該可以翻譯成「組織瞄準的理想未來」。

在使命或願景等諸多定義交錯的過程中，只要踏錯一步，就會變成如神學論辯般難以收拾的局面。但比起定義，最重要的是使用方式。將使命與願景放入時間序列中來理解、運用應該是最好的（圖 4-2）。

圖 4-2：願景型的故事結構

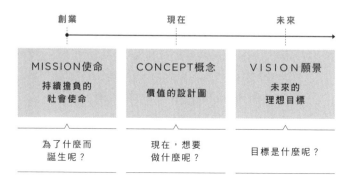

從企業或是品牌誕生的地點，到抵達未來的這段時間軸，分別歸類爲使命與概念。

使命是組織或品牌誕生之後就承擔的，以及直到最後都伴隨組織存在的。也就是說，**使命是指從創業開始持續永久的故事源流。**

相對於背負歷史的使命，**願景是展現未來的理想圖**。使命

是以永久持續為前提，但願景則是在達到的瞬間就消失。圖 4-2 表示時間流動的箭頭延伸到願景的右邊，意思是當組織實現一個願景之後，就會再朝向下一個理想願景前進。

概念是**描述邁向願景踏出第一步的「現在」**。以實現五年、十年、三十年後的理想未來為目標，將當下能成形的最高品質轉化為語彙，就是所謂的概念。

▌ 桃太郎與總統的故事

定義**「從一開始」**的使命的使命，描述**「總有一天」**的未來的 vision，表達**「為了達成目的現在應該」**的概念。釐清這三點之後，就能建立一個有時間軸的故事結構。這裡就套用眾所周知的桃太郎的故事，來確認故事結構（圖 4-3）。

圖 4-3：使命、概念、願景案例　桃太郎

桃太郎的使命是**「守護村莊的和平與安全」**。這個使命，只要桃太郎一行人存在，就不會改變。此外，請留意桃太郎一行人絕對不是出自於一己之利，而是基於村人的請求而產生的社會使命。

接著，時態先向前飛到未來，也就是願景。為了守護村莊的和平，桃太郎一行人挑戰的是「**擊退惡鬼，讓人們的擔憂消失**」的未來。在打倒惡鬼的當下，願景就已經達成，就會再確立下一個願景。例如「建造一個不會再有下一個惡鬼誕生的結構」，或是「打造成一個自己的安全自己守護的村莊」「成為一個向世界宣揚和平的村莊」等等的，應該會有這樣的想法吧。其他像是，發生傳染疾病、天災等情況的話，可能就會變成因應相關情況的願景也說不定。各種各樣的願景都有可能，但最不能忘記的，就是讓桃太郎一行人集結的原點到未來從一而終的，是「守護村莊的和平與安全」的使命所致。

　　最後，概念被描述為「邁向實現願景的第一步」。為了實現「打到惡鬼」這個願景，現在可以做到的事情是什麼呢？因為面對的是擁有強大威力的鬼，只靠一個人的力量實在是無法匹敵。正因如此，才會以桃太郎為中心，集結猿、犬、野雞這樣有個性的隊員，「**將彼此的不同轉化為力量**」成為作戰方式的基本概念才對。

　　順帶一提，以此基本概念為基礎，將之落實到日常的行動指針，就稱為價值（value）。將企業文化轉述成語言之際，一般而言都會一併思考使命（mission）、願景（vision）、價值（value），三者簡稱 MVV。關於價值會在第六章說明。

　　那麼回到桃太郎的故事吧。根據時間軸梳理，會得到使命、概念、願景的順序，但在說故事時，則會以①使命→②願景→③概念的順序排列。在敘述過去與未來時，將概念放置在正中央的位置。接著將上述三項分別用「**從一開始**」、「**總有一天**」、「**為了達成目的，現在應該……**」的接續詞串連，就可以完成三行文的腳本。

① 使命（MISSION）

從一開始我們就是爲了「守護村莊的和平與安全」而成立。

② 願景（VISION）

總有一天要達到「擊退惡鬼，讓人們的憂慮消失」的目標。

③ 概念（CONCEPT）

爲了達成那個目標，現在應該「將彼此不同之處轉化爲力量」。

　　這是一個非常簡單的故事結構，但光是這樣，就能闡述所有的事業構想。不只是經營而已，就連政治家的演講等，也可以應用同樣的故事構造。

　　特別是美國這樣的國家，是由多元的民族、人種、宗教背景所組成。要讓這樣的人民達成共識，取得彼此同意，進行決策，並不斷重複這樣的過程，以總統爲首的美國政治家們都會學習如何有效活用故事達到目的。

　　例如在演講的開頭提到美國的建國精神，即是最典型的案例。從離開歐洲大陸尋求新天地而遠渡重洋的朝聖前輩（Pilgrim Fathers。普利茅斯殖民地的早期歐洲定居者）到西部開拓時代「拓荒者精神才是打造美利堅合眾國的原因」，這段故事主要就是訴諸愛國心。在使命當中，對於共同體發展至今的歷史軌跡全都加以肯定，也會有效提高歸屬意識。

　　接著，政治家會開始闡述願景。例如甘迺迪總統在指出「我們正在面臨新的拓荒者」時，會將人口問題或教育、科學或太空開發的未來視爲新拓荒者加以闡述。

當會場的氣氛開始沸騰後，最後就是要提出概念。將願景與新法案或政策、投資戰略等具體行動連結。在以使命與願景的角度理解大趨勢之後，聽眾就會比較容易接受全新的概念。

圖 4-4：使命、概念和願景案例　甘迺迪總統

在政治演說中，特別在提出願景這部分才是關鍵。1963年，在林肯紀念館階梯上舉行的金恩博士的演說中，「我有一個夢」（I have a Dream）這句話重複了八次，成功向所有聽眾提呈現出沒有人種歧視的未來光景將是如何。以下是從原稿中部分摘錄的內容。

> 「我有一個夢。總有一天，在喬治亞州的紅茶丘上，昔日曾為奴隸的後代子孫，曾經是奴隸所有者的後代子孫，能在同胞的圓桌上，並肩而坐的夢。
> 「我有一個夢。總有一天，我的四個可愛的孩子們，能居住在一個不以膚色，而是以人品評價的國家。」

金恩博士並不是用抽象的理論吹噓敷衍，而是像這樣，將

具體的日常場景，鉅細靡遺地描繪出來，藉此感動人心。

但是，這類的演講技巧在歷史上也有曾過遭到惡意利用，誤導社會朝錯誤方向發展的案例，因此必須注意。對於內容雖違反道德但只要有說服力即可的想法，本書在此明確表達反對。

用未來觀點說故事的能力，企業或品牌應該要怎麼運用呢？我們來看某一家，擁有超越國家層級影響力的企業案例吧。

▌ 發射火箭的故事

2020 年 5 月 30 日，美國太空探索企業 SpaceX 達成了一項壯舉。那就是載著兩名飛行員的太空梭「飛龍二號」（Crew Dragon），成為第一家成功實現載著人類飛行至國際太空站的民營企業。並進一步在隔年 2021 年 9 月，實現將載有四名民間人士的太空梭發射至地球軌道上，完成三天環繞地球的紀錄。也許真正的「太空旅行」時代已經開啟也說不定。這樣的預感籠罩著全世界。

SpaceX 這家公司，是在 IT 支付事業獲得成功的伊隆‧馬斯克（Elon Musk）於 2002 年成立的企業。由於太空研發需要投入龐大費用，美國政府發表藉由開放民間企業自由競爭進而降低成本的政策方針。SpaceX 就是最先被點名的企業之一。僅 20 年不到的時間，SpaceX 就能達成非凡的成就，關鍵原因當然是技術能力吧。然而，不能忽視的是，能集結擁有那樣技術水準的人才與鉅額投資，朝向一個目標努力的力量。那正是「說故事的能力」。那麼馬斯克所訴說的故事是怎麼樣的內容呢？接著，就依序來看看他的使命、願景與概念。

使命：向大眾展示人類的未來是光明的

正因為人們將 SpaceX 譽為「超越國家層級的新創企業」格局的大企業，其使命也確實相當壯闊。能宣示展示人類的未來是光明的國家，現在有幾個呢？看起來，馬斯克是在深刻體會到地球可能會因環境破壞而滅亡之後採取了行動。他不僅是成立 SpaceX，也管理包含電動車、能源管理及半導體等在內的特斯拉（Tesla），但是使命都是相同的。一方面是為了讓地球能永續發展，另一方面則是為了創造不依賴地球資源的選項，才選擇透過商業手段。

對於他的使命報告，也有不少當初批判他是「偽善」或是「為了好玩」的人。登上媒體版面的本人，「屁孩」且時而「狂妄」的人物形象，一如既往是在火上加油。然而，當他幾度克服危機時，他的想法也讓人不得不相信，這並非是面對投資者時吹噓的謊言，而是玩真的。例如在 2008 年金融海嘯時。資金已經見底，SpaceX 和特斯拉都瀕臨生存危機。這時，馬斯克不僅宣示「要將最後一塊美金都用於公司」，也在發給全體員工的信件中寫下「不是為了你的上司，而是請為了人類的未來工作」。

艱辛度過金融海嘯之後，試煉仍接踵而至。不僅試作的火箭爆炸，工廠內部的麻煩暴露無遺，甚至被報導資金幾度周轉困難等，但即使如此，馬斯克仍認為這一切都是為了人類，立場堅定不搖。而且，就是因為周圍的人因眼前的麻煩而焦頭爛額，這時才更應該要說明願景。

願景：讓人類能夠在多個行星上生活（Making Life Multiplanetary）

不僅是在地球，而是創造能在其他行星上生活的選項。

就是指要打造行星到行星之間移動的系統。那是 SpaceX 的終極願景。馬斯克的構想是，想要花一百年的時間，將一百萬人送達到火星，並打造成能讓人類自給自足生活的殖民地。聽起來是很難以置信的妄想對吧。事實上我自己也有未能理解的領域，因此無法天真地深信所有的發言。

但是 2012 年我看了馬斯克於加州理工大學的演講「如果有人告訴你『可以讓三百年前的人類飛上天喔！』肯定會被說是瘋子吧？」之後，卻開始覺得「沒有什麼是不可能的」。只要不和物理學法則發生矛盾，能夠想像到的事情就能實現。而有這樣的確信，正是工程師出身的馬斯克的優勢吧。以及，為了讓願景不是只有嘴上說說就結束，SpaceX 可以說是徹底追求某個概念。

概念：可重複利用的火箭（Reusable Rocket）

隨著將目標設立在火星，瓶頸就不在於技術能力而是預算。美國政府之所以將太空開發的任務委由民間進行，主要的盤算就是想透過自由競爭的方式降低成本。正因如此，馬斯克才會從一開始就說「太空必須達到平易近人的價格」。目標是將價格壓低到 NASA 火箭的百分之一。究竟要怎麼做才能壓低價格呢？答案就在開發概念，那就是「**可重複利用的火箭**」。

SpaceX 的火箭在上空分離之後，本體並不會直接「掉落」，而是能垂直地「著陸」。甚至是只要汰換掉消耗品，不論幾次發射都沒有問題。比起曾經的拋棄式火箭，成本能大幅降低。美國政府所發射的人工衛星一顆約造價兩億美金左右，相較之下，2020 年時，SpaceX 發射一次約耗費 6000 萬美元，已經成功達到將成本壓低至三分之一的程度。

要讓太空旅行變得更普及，關鍵也是在於降低火箭的價格。前往太空的成本若是能夠降低到像出國旅行般的市場行情，才能開始從現實面思考以登陸火星為目標。

圖 4-5：使命、概念和願景案例　SpaceX

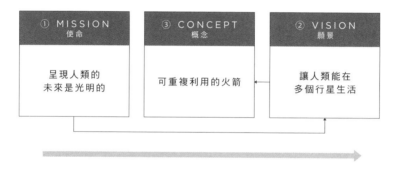

　　試著將本節所說明，關於 SpaceX 的品牌故事，用「從一開始」、「總有一天」、「為達到那個目的現在應該」寫成三行腳本看看吧。雖然是相當宏大的格局，但每個要素之間的連結都簡潔明快，在邏輯上也並無破綻或跳躍。

　　從一開始，SpaceX 是為了「**要呈現人類的未來是光明的**」為宗旨而開始的。總有一天「**讓人類能在多個行星上生活**」是其願景。為此，SpaceX 現在正在打造「**可重複使用的火箭**」。

　　整體構造的下一步，就是關於使命與願景被要求的詞彙表現，將個別詳細說明。

4-2

重新審視過去的使命

▌過去代表的意義不只一個

　　首先，為了寫下使命，有必要重新檢視過去。這個作業的重點在於，發掘內在真正的價值。還記得在第二章所介紹的「關於目的的提問」嗎？將實際銷售的具體產品視為一種手段，就能問到更直指目的本質為何的方法。在找到使命之際，希望你能捫心自問**「倘若我們至今製造出的產品都是一種手段，那真正的目的是什麼呢？」**就像在說明使命的定義一樣，在這情況之下的目的，請當成**「來自社會要求的使命」**來思考。

　　重新定義過去並找出使命的作業，請以一家虛構的肥皂製造商 A 公司為題材來思考看看吧。A 公司的肥皂，一直以來廣受重視肌膚健康的女性的喜愛。但是肥皂市場卻遇到成長極限。A 公司為了更上一層樓，調整使命。於是這裡就出現了「關於目的的問題」。「倘若至今所製造的肥皂視為一種手段，那真正的目的是什麼呢？」這時若全體同意答案是打造**「女性的健康美麗」**，那就是使命，且會成為構思下一個事業的基礎。為了要將健康美麗的概念讓更多人知道，就會開始思考如何擴充從肥皂到基礎化妝品，再到彩妝品等等的產品種類，對吧。

　　繼續虛構的故事。A 公司成為世界級的化妝品品牌，如果

第4章 以未來觀點設計的「願景型故事」

要在競爭激烈的化妝品市場中再度試圖推動變革，這次可能會被這樣問：「倘若至今所生產的化妝品是一種手段，能說出眞正的目的是什麼嗎？」由於「女性之美」的概念會隨著時代潮流不斷改變。在以女性進入家庭爲前提的時代，和現在女性成爲社會形象的時代，對於追求美麗的意義和角色也逐漸改變。A公司因應這樣的變化，打造了一個能讓女性自信生活的時代。從這樣的洞察中，A公司似乎是在重新審視了過去之後，主打**「女性的自信」**提案（圖 4-6）。於是 A 公司在今後的發展中，就會像在協助「教育」與「職涯發展」的內容一樣，不僅是在外貌，也將如何充實人的實質內涵，納入事業計畫的範疇。

▋ 未來從過去的發現而開始

從「製造肥皂的公司」到成爲「打造女性健康美麗的公司」，最後是追求成爲「讓女性擁有自信的企業」。不斷歷經變革的老店，就是像 A 公司這樣不斷歷經重大轉捩點，並不斷重新定義自己的使命。**隨著回顧歷史的角度與立場不同，過去所擁有的意義也逐漸改變**。另一方面，在這情況下所發現的過去的意義，將如何定義未來的發展也值得關注。當成創造「女性的健康美麗」的企業未來，和創造「女性的自信」的企業未來，應該有相當大的差異。也就是說，使命發揮的是爲願景指明方向的作用。

▋ 使命具有「大眾性」與「內在性」

從機車開始，船隻、水上摩托車、雪上摩托車、電動輪椅

圖 4-6：找到使命的方法

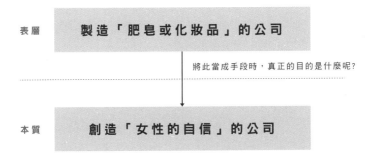

表層　製造「肥皂或化妝品」的公司

　　　　　　　　　　　　　　將此當成手段時，真正的目的是什麼呢？

本質　創造「女性的自信」的公司

等，開發出多樣化交通工具的山葉發動機。和先前提到的化妝品公司的案例相較，就會感受到雖然產品種類也很多元，但應該很難找到使命吧。但即使是經營多種事業的公司，要思考的內容都是一樣的。如果多樣化產品是手段，目的應該要怎麼表現呢？

　　山葉發動機對於自己所製造的產品，並不只是單純當成從 A 地點到 B 地點高效率「移動」的工具而已，而是將之定義為「感動人心」而存在的工具，定義自己公司為「**創造感動的企業**」（圖 4-7）。如果重新檢視商品種類，就能了解到，不僅講求實用性，從海邊到雪山等高度興趣導向的領域也是該公司的優勢。感動這個詞彙，不僅表示涵蓋多個事業領域的廣泛程度，也能了解山葉發動機的特色。接著他們開始思考，下一個應該創造的感動是什麼呢？應該也能引導出獨特的洞察。

　　同樣是在汽機車業，豐田汽車在 2020 年 3 月起公告其企業使命為「**量產幸福**」。「幸福」雖然是普通的詞彙，但是和「量產」這個詞彙的組合，讓人感受到獨特性。豐田汽車

圖 4-7：山葉發動機的使命

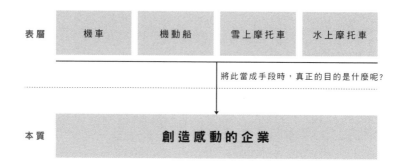

在同時期也宣告將從汽車公司轉型為移動載具公司（mobility company）的變革。「量產幸福」這概念，是將量產汽車的過去重新調整，未來量產的將不只是汽車移動的可能性，而豐田汽車擔任的，是將故事連結到上述未來的角色。

就像「創造感動」、「量產幸福」、「女性的自信」一樣，成為使命的詞彙中，**更要求的是大眾性高於具體性**。若只將使命定義為機車或汽車、肥皂等有形的產品或服務時，恐怕會讓構思未來發展變得困難。曾經，一家美國的鐵路公司就是因為無法將自我定位從「鋪設鐵路的公司」，轉型為「打造讓人與貨物移動的公司」而業績衰退，這案例已在第二章說明。

與此同時，對於使命而言，有時也會被要求**必須彰顯企業或品牌的「特色」**。能找到像是「感動」或是「量產」這樣，與自己公司本質相關的概念是相當重要的。**大眾性與內在性，掌握這兩個關鍵字，是將使命轉化成詞彙的要點**，希望讀者能先牢牢記住。

4 - 3

預見未來的願景

▍看得見與看不見的詞彙

其次要解說關於願景的部分。以下以條列式寫出的，是由參加課程的學員回答「寫下自己公司願景」的課題，提出來的詞彙。

- 善用資訊技術讓人們變得幸福：印刷公司
- 透過運動讓人生 100 年變得健康：高齡者專屬運動教室
- 提升日本企業的生產力：管理顧問業
- 創造讓大家都能享受衝浪的時代：創業

以事業的說明或經營理念而言，上述這些都是相當精彩的內容，似乎看不出應該反駁的部分。但很遺憾的是，每一個都稱不上是「願景」。這是爲什麼呢？

願景，已經解說過本意就是指「看見」。用「看得見的詞彙」表現應達到的理想未來，就是願景的功能。必須達到讓接收詞彙的人，在腦海中浮現光景並可描繪的具體程度。關於這一點，對於學員所寫下的，未經修改前的上述願景，覺得如何呢？從這些詞彙當中，恐怕很難畫出一幅畫。看起來尚未變成可看見的詞彙。

優秀的經營者多半對於如何將未來變得清晰可見，有自我堅持。

京瓷的創辦人稻盛和夫將願景稱為「**現實的結晶**」，甚至認為要說到，讓每個員工對於達成後狀態的想像，並非是黑白色系，而是彩色的景象的程度。

> 這和在運動領域中關於意象訓練（image training）有點類似，但是意象也是在濃縮到極致之後，才會看到「現實的結晶」。相反地，在直到能清楚看到那樣的完成型之前，如果沒有在事前對於目標有強烈執著、深刻思考、認真以待，不管是創意的工作還是人生中的成功都是靠不住的。
>
> ——《生存之道》，稻盛和夫著，Sunmark

請看圖 4-8。在縱軸標記時態（未來－現在），橫軸則是以詞彙的抽象程度（抽象－具體）表示。如果要使用這個圖來表示，所謂的願景，在這座標軸上，就是落在「未來」與「具體地」交集的右上象限。

SpaceX 的願景是「**讓人們能在多個行星上生活**」。如果提出「太空創新」或是「在太空也能過上富足的生活」這類模糊的詞彙敷衍世人的企業，最終還能達到像當前這樣的成果嗎？索尼（SONY）的井深大也是，當時學到電晶體這樣的新技術時，並沒有發出「做出創新的產品吧」這類模糊的指示。在當時收音機還是家裡一件家具的時代中，井深大傳達的是「**做出能放進口袋裡的收音機**」這樣彷彿近在眼前的新生活場景的詞彙，讓工程師們為之振奮。光是使用看得見的詞彙，就具有讓

圖 4-8：要寫些什麼才能成為願景呢？

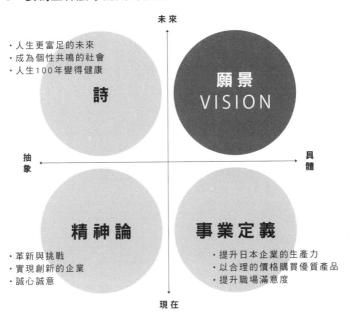

未來

· 人生更富足的未來
· 成為個性共鳴的社會
· 人生100年變得健康

詩

願景 VISION

抽象 ← → 具體

精神論

· 革新與挑戰
· 實現創新的企業
· 誠心誠意

事業定義

· 提升日本企業的生產力
· 以合理的價格購買優質產品
· 提升職場滿意度

現在

周圍的人湧現「好想實現它」的力量。

多數人在談到未來時，總是用抽象詞彙逃避。結果，就量產出如圖 4-8 左上象限的「詩」。像「人生更富足的未來」或是「成為個性共鳴的社會」這類的詞彙就是典型案例。姑且不論詩的評價如何，但以願景的角度來說，是失敗的作品。

另外一個容易和願景混淆的，是右下象限的「事業定義」。雖然稱其為願景，但其實並不是在說未來的事，而是寫下當前理所當然的情況，這種案例並不少。之前提到學員提出的願景之一是「提升日本企業的生產力」，這並非未來的情況，而只是說明當前事業本身的詞彙。如果當成願景活用，在提升生產力之前，必須先將想要達到的理想狀態轉化為詞彙。

147

書寫願景的兩大重點

不需要從最一開始就使勁想要寫出能精準聚焦的願景。先試著寫出來，並且以此為基礎，和團隊交換意見，不斷改寫，藉由試錯磨練自己。這時候，請意識兩個要點，提高精準度。

①提高解析度

第一個要點是提高詞彙的解析度。就以在本節一開始介紹的「透過運動讓人生 100 年變得健康」（高齡者專屬運動教室）這個願景為題材吧。或許內容很精彩，但無法想像出能畫出草圖的景色。因此這裡就要特別注意在文案中最模糊的用字「健康」。讓透過運動可實現的「健康」變得更加具體。

比方說，如果將健康和「即使 100 歲也能行動自如的狀態」脫鉤，會變得如何呢？應該能比先前的描述更容易想像畫面。甚至再更進一步，將「行動自如」更加具體化，以「即使是 100 歲，也能全力奔跑 100 公尺」來表現，應該能成為更讓人印象深刻的未來景象。像這樣逐步刪除在文章中的模糊點，轉換成能具體想像的詞彙，就是所謂提高解析度的作業。一起來比較修改前後的狀態。

修改前：透過運動讓人生 **100 年變得健康**
修改後：打造讓所有 **100 歲的人都能跑 100 公尺**的時代

只要在詞彙上稍作修改，願景傳達的力量就會大幅改變。如果是修正後的句子，誰都能想像那樣的景象。其他還有不少修改案例，再來看其他幾個修正案例。

修改前：善用資訊技術讓<u>人們變得幸福</u>

修改後：善用資訊<u>治療不治之症</u>

　　這是印刷公司出身的學員的新事業願景。詢問學員「讓人們變得幸福」的內容具體是指什麼的時候，學員說明了如何應用最先進的印刷技術，為藥物發明的研究做出貢獻。所謂印刷業，就是資訊業。想要擘畫的是，利用資訊的力量治療疾病的構想。既然都已如此明確，如果無法反映在願景，那就太可惜了。只要單純將幸福兩個字替換成「治病」，就能成為具體呈現未來情境的一句話。

修改前：創造讓大家都能<u>享受衝浪的時代</u>

修改後：讓衝浪成為<u>生態教育的必修課</u>

　　修改前的文案，會讓人不知道是「為了什麼目的」而要推廣衝浪。在詢問寫下這個願景的學員之後了解到，他因為透過衝浪而對於地球環境發生的變化變得敏感，並且一直關注相關議題。在修改版內中容注入了寫手的心血，成為了一句能清楚明白衝浪代表的社會意義的詞彙。

②跨出舒適圈

　　書寫願景的另一個重點，是寫出一個與現在保有適當時間距離的未來願景。圖 4-9 呈現的是，在考慮當前「組織能力」的情況下，將目標難易度分成三區。請以距離愈遠，難易度愈提升的邏輯來思考。

　　位居中央的是被稱為**舒適區**（comfort zone）的安全地帶。

圖 4-9：找到當成願景的合適距離

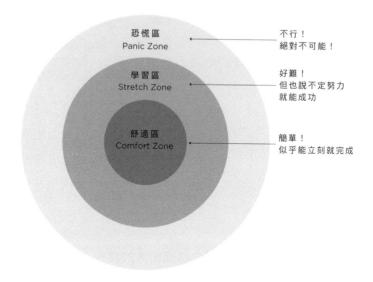

恐慌區
Panic Zone

不行！
絕對不可能！

學習區
Stretch Zone

好難！
但也說不定努力
就能成功

舒適區
Comfort Zone

簡單！
似乎能立刻就完成

被歸類在這區域內的目標，是位於一般業務的延長線上，不會造成心理上的負擔。愈是慎重的人，愈重視實現的可能，會在舒適圈中寫下願景。

在舒適區外一圈的是**學習區**（stretch zone）。這區的目標，以目前的做法是不可行的。但是也並非不切實際。一般認為，只要踮起腳尖、伸長手臂似乎就能得到。正因如此，需要透過新構想或挑戰激勵，進而讓組織充滿活力。願景正是應該寫在學習區內。

甚至，在其最外側還有一圈**恐慌區**（panic zone）等著。就算高舉似乎永遠無法實現的理想未來，連該從何處著手都不知道吧。反而會引起混亂，甚至可能讓人感到恐懼。雖然願景必須是跳出安全地帶的構想，但並不是雙手一攤，認為既然是未來，那就設定誰也達不到的難度就好。

修改前：**提升**日本企業的**生產力**

修改後：讓日本企業**無謂的工作、無謂的時間消失**

　　只要引進最新的系統，應該就會提高應有的生產力吧。並不是困難的事。但是，要實現「零」浪費，就需要異次元的構想。也就是說，提升團隊的視野，可能形成激發出前所未見的概念的願景。

　　在第二章解說的 Google 的十倍（10X）問題，可以說布局一個迫使願景走出舒適圈外的組織機制。

修改前：**減少**人為因素造成的**車禍**

修改（10X）後：打造一個讓人為因素造成的**車禍逐漸消失的世界**

　　如果寫一個從明天開始就能立刻做到的內容當成願景，那麼請試一次，將該內容放大到十倍的規模來思考看看，或許也是一種方式。

願景伴隨著概念：
從香奈兒（Chanel）的案例學習

　　像這樣能描繪出未來光景，就能看得見「現在沒有而存在於理想的未來」的部分。也就是說，因為能看見願景，就能自動掌握概念。做為最能說明該原則的絕佳案例，就來介紹可可・香奈兒（Coco Chanel）這位極為罕見的創業家的例子。

20 世紀前半，直到香奈兒出現之前，女性服裝和當前的風格事實上是完全不同的。女性的身體被束縛在僅具裝飾意義且相當緊繃的服裝裡。香奈兒看穿了「女性服裝」的真實面，只是男性以男性眼光所購買的「為了男性而存在的衣服」的騙局。因此香奈兒開始主張「**解放女性的身體**」的願景。在香奈兒認為的理想未來，女性可以不需要受到任何束縛，可以擁有自我意志自由地工作。她是為了那樣的新時代女性設計服裝的。

一開始，香奈兒設計的是，大膽地不使用當時被視為是常識的馬甲的洋裝。雖然在香奈兒之前，也有出現過提案不使用馬甲的設計師，但最終只是小規模的實驗性質。將馬甲視為舊時代產物並加以否定的，香奈兒是第一人。之後香奈兒在回顧自己的一生時表示：

> 「我是為了讓那些因為被蕾絲、馬甲、貼身衣褲、襯墊裝飾全身，而汗如雨下的身體獲得解放的自由，才設計衣服的。」
>
> ——《我沒時間討厭你：香奈兒的孤傲與顛世》，
> 保羅・莫朗著，中央公論新社

捨棄馬甲的下一步，香奈兒注意到練馬師專用服裝的針織材質，並將其用於製作女性的洋裝。既柔韌又利於運動的**針織洋裝**就是反映香奈兒願景的產品。解放身體自由之後，下一個是發明可掛在肩上的**肩背包**，解放女性的雙手。甚至為了讓女性在外出目的地隨時隨地可以補妝，香奈兒還發明了**口紅**。

從黑色被視為喪服的顏色，到變成流行款顏色的黑色小禮服，或是飾品（人造珠寶飾品〔imitation jwealry〕）等等，香

奈兒所創造的概念，已經成為現代女性服飾的常識。不論是哪一種，都是為了打造一個讓女性能神采奕奕地工作、自立的時代，所規畫的產品。

然後，香奈兒自己也成為女性創業家的先驅，並且是個願景的實現者。願景不只是概念而已，也可以說甚至能反映出生活態度吧。

▌如果沒有出現評價兩極的情況，就不是願景

最後補充一點，在創造願景之際，有一個希望讀者能特別留意的地方。那就是，優秀的願景，其實是會造成兩極評價的情況。愈是創新且具有意義的願景，想當然爾，來自掌握既得利益的組織或個人的反對聲浪就會愈大。反過來說，如果並未引起任何摩擦就能達成共識的願景，很有可能是，社會或組織已經達成共識下所協調好的未來。不要過度害怕反對或是批判的聲浪，不要只是用詩歌般的詞彙敷衍了事，認真提出明確的未來。

4 - 4

願景型故事的實作

做爲第四章的結束，來挑戰小作業。題目是在第三章提到的豆腐店的後續。

課 題

石田豆腐店　之二

石田豆腐店的新商品銷量相當好。以「能夠強健身體的美味習慣」為概念的「石豆腐 100 天份食譜」和一個星期份的石豆腐組合，在網路上進行販售的同時，一如預期獲得生活在都市圈的家庭高度好評。對於鍛鍊身體有所意識的的父母輩眼中，石豆腐的高蛋白質含量是魅力所在，透過簡單的烹調方式就能做出多元化菜色的便利性，以及讓正在發育期的孩子們也能安心食用，似乎就是暢銷的主因。

擁有 70 年歷史的石田豆腐店以此成功為契機，決心從「地方名產品牌」搖身變成「全國品牌」。為此，不能只因一次的成功就滿足。我們的使命是什麼呢？想要達成什麼樣的未來呢？任務與願景的策畫是當務之急。於是和眾人商量。為了能連結到「讓身體的強健美味習慣」的概念，請試著寫下使命與願景。

在建立企業與組織的使命與願景時，通常都會先採訪解讀歷史有關的研究或相關人士，也會視情況舉辦工作坊等。在這個課題中，先和「假說建立」切割，從零開始思考看看，能否能建立

起可連結到「強健身體的美味習慣」概念的脈絡，就是這次的關鍵（預估時間：30 分鐘）

思考方式與回答案例

1 使命｜找出社會使命

　　思考使命的重點，在於詢問**「若將至今製造的產品當成手段，那麼真正的目的是什麼呢？」**像這樣，不是藉由具體的產品，而是透過產品本身提供的普世價值去發掘。題目是堅持專注製作地方傳統食材「石豆腐」的石田豆腐店。如果「石豆腐」是手段，應該說是以什麼為目的呢？特別是從**「社會使命」**思考，一般而言應該會想到以下的觀點。

　　觀點 1：地方文化（將石豆腐當成手段）守護地方的特色文化
　　觀點 2：健康（將石豆腐當成手段）推廣健康的飲食習慣
　　觀點 3：材料／自然（將石豆腐當成手段）引出大豆的力量
　　觀點 4：職人手腕（將石豆腐當成手段）傳承職人的技巧
　　觀點 5：環境（將石豆腐當成手段）在飲食中減少必要的二氧化碳

　　在這裡，先回顧一下這次的主題，變革的方向。這裡寫的是達到從「地方名產品牌」變成「全國品牌」，對吧？原本就是地方的名產，有必要推廣到全國嗎？將觀點 1 的「地方文化」與觀點 2「健康」結合之後，似乎就能完成答案。對於守護日本地方代代相傳的傳統飲食文化而言，有很多是希望現代人真正能攝取的健康飲食。以這次的變革為契機而成形的概念，也是關注石豆腐這

道「傳統食材」的蛋白質含量。並將其轉換成為現代家族所設計的「健康飲食」對吧。因此，如果將使命定義為**「讓地方的傳統食材，成為全日本的健康食材」**如何呢？

如果是這樣的使命，即使只是固守地方的飲食文化，也並非將地方特色完全拋諸腦後，一心只想往全國性品牌的方向發展，這似乎是只有長期深耕地方，一邊在全國展店的石田豆腐店才能主張的理由。

2 願景｜用詞彙表達所要達成的理想目標

在使命的延長線上想要實現的未來，要怎麼描述呢？如果是從健康飲食這樣的關鍵字展望未來，應該可以推論出想打造的願景是**「創造一個不會再因飲食導致代謝症候群的時代」**。對於曾經的日本而言，代謝症候群之類的疾病恐怕可以說是幾乎不存在的。能夠不靠藥物，而是透過調整飲食生活就能預防疾病的話，社會層面的衝擊相當巨大。但是，冷靜下來思考，從一家豆腐店所揭示的願景而言，這格局或許已經過頭了。可能已經跨越學習區，一腳踏進恐慌區了。這時需要稍微拉回現實，思考較實際的願景。

由於重要的關鍵在於飲食習慣，因此首要步驟是先描繪出，讓消費者將豆腐視為健康飲食，並養成習慣性攝取的食材的情境。在思考晚餐以什麼為主食的時候，不再只想到肉類或魚類，而是每天能讓消費者想起「肉？魚？還是豆腐呢？」成為這樣的存在的話如何呢？若是這樣，應該就能將整理成**「將豆腐當成主食，是理所當然的」**。

將重新思考後的使命與願景與概念連結之後，下一步就是將其變成三行文的故事了。

- 從一開始，石田豆腐店就是以
  「讓地方的傳統食材，成為全日本的健康食材」的品牌而重生。
- 以總有一天，**「將豆腐當成主食，是理所當然的」**為願景。
- 為達到這個願景，現在需要打造的是**「讓身體強健的美味習慣」**。

　　當然，只有這些並不一定就是正確答案，應該還有各種不同的三行文故事組合才對。雖然一再強調，在這篇的小作業中，請確認三個要素是否能形成一個完整的故事。只要能組成一個不會感到不合哩，能流暢與他人分享的內容，應該就及格了。

4 - 5

洞察型與願景型的結合

在橫跨第三章與第四章的內容中，主要是處理關於概念的故事設計。為了說明方便，目前都是將洞察型和願景型分開解說，但原本應該思考的邏輯，並不是「哪一類」而是「兩者都是」。將這兩種類型的框架整合之後，如下圖 4-10 的概念**概念金字塔**（concept pyramid）所示。

圖 4-10：概念金字塔

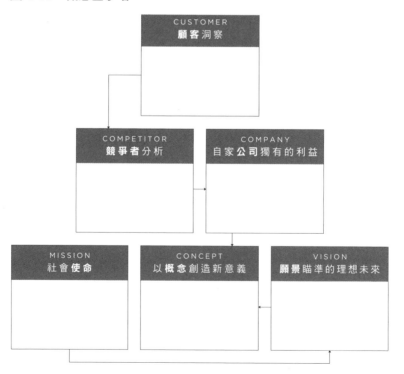

以洞察爲起點的縱向流程，直達金字塔的最底部後，就會與使命與願景所表現的橫向時間流動匯集。而這兩軸交會點就是概念。也就是說，這張圖反映的是，**概念是回應顧客洞察的內容，加上實現組織或團隊願景的第一步，這兩個目的所設計出的結果。**

在六個空白欄爲中，從哪一格開始思考都可以。就像石田豆腐店的案例，在洞察型的故事中逐漸建立概念，有可能以此延伸成願景，再從願景型思考之後，也有可能發展成顧客洞察的驗證。也有很多是強調只有自家公司才擁有的優勢，或是描述和競爭對手之間的差異化而形成的故事。

最後，透過 Airbnb 的案例確認金字塔的構造；首先，來看看洞察型的故事。

▍洞察型故事：
當成讓習慣旅行的人們獲得的新體驗

顧客（CUSTOMER）：對於習慣旅行的年輕世代，注意到「**即使是初訪的城市，也不希望讓人當成外來者**」的洞察。從經驗上可知，若是接觸到當地文化的體驗愈有深度，就愈能成爲難忘懷回憶。一般的旅行體驗已經不能滿足。

競爭者（COMPETITOR）：不想有太多負擔，只想輕鬆住宿的商務人士，或是對於在海外旅行有所不安的遊客而言，住在位於便利的商業區，細心款待的高級旅館才能有最棒的體驗。但是對於想要沉浸在當地固有文化氛圍的人而言，體驗就是一種，能讓自己擁有「**脫離現實生活**」的感受。自 2012 至 2021 年爲止，擔任萬豪國際酒店（Marriott International）執行

圖 4-11：Airbnb 的概念金字塔

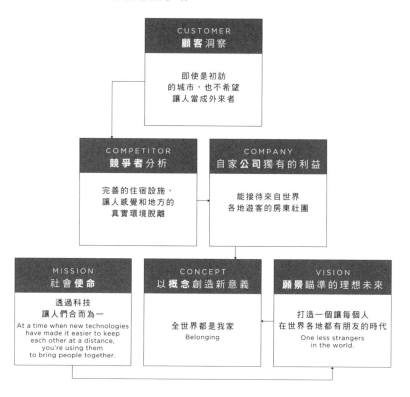

長阿恩‧索倫森（Arne Sorenson）曾說：「如果在埃及的開羅醒來，就希望能有身處開羅的真實感。而不想在美國的鄉間房屋中醒來。」顯示他認同 Airbnb 所提供的價值。

公司（COMPANY）：正因如此，Airbnb 才對於培育「**歡迎來自世界各地訪客的房東社團**」相當重視。不是實際存在的房子（house），而是人與人之間情感連結的家（home）才是價值的源泉。當然，多數是沒辦法直接和房東接觸的吧。即使如此，在房東準備好的家中度過時光，從房東的角度，試著在一般情況下不會特別經過的當地道路走走，過著與房東相同的日

常體驗時，不論遊客喜歡與否，都會感受到和房東在精神上的聯繫。

概念（CONCEPT）：「全世界都是我家」的概念，可以理解為是，向對於無法滿足於標準化旅程安排，追求更眞實的文化體驗的旅行者的提案。歸納之後即可完成如以下的洞察型故事。

Airbnb ｜洞察型故事

1. 「即使是初訪的城市，也不希望讓人當成外來者」在過去有討厭標準化旅程的旅客。與至今便利的住宿體驗完全相反，可以讓遊客感受到「脫離現實生活」的感覺。
2. 於是我們打造了一個「歡迎來自世界各地遊客入住的房東社團」。藉著和當地的人相遇、融入其中，可以體驗當地眞實的生活或文化。
3. 「全世界都是我家」。這是我們向已經習慣旅行的你的提案。

願景型故事：
讓世界產生新的連結

接著是要來思考，從使命或願景形成的未來角度的故事。

使命（MISSION）：自從網路問世之後，社群媒體全球普及的現在。Airbnb 認為，人與人雖然有了連結，卻被區分地更加細碎。不論跟隨者增加了多少，在網路上的朋友有幾萬人，人依舊是個會感到孤獨的生物。眞正必要的難道不是一個群體嗎？基於那樣的信念，Airbnb 揭示了「透過科技讓人們合而為一」的使命。

願景（VISION）：Airbnb 創辦人布萊恩‧切斯基，在 2015 年舉行標註關鍵字 #OneLessStranger 活動。如果直譯，是將世界上的「陌生人」減少的意思。在這裡，可以稍微窺見他的願景。Airbnb 已經超過住宿服務，而是有意打造一個人與人之間相互連結的「**每個人都能在這世界上擁有朋友**」的時代。如果在所有的都市都有一個曾經實際接觸過的人存在，那麼就會覺得這個世界很小吧，也比較不會那麼容易引起爭執。這是只在網路上建立連結的社群平台等，絕對無法實現的未來，對吧。

　　將使命與願景的連結之後，將之融入「**全世界都是我家**」的概念之中，就能夠解讀超越旅行體驗更巨大的意義了吧。彙整之後如以下的願景型故事所示。

Airbnb ｜願景型故事

1. 更加細分化的時代中，Airbnb 是為了達到「**透過科技讓人們合而為一**」的目的的存在。相信人與人的真實連結，才能夠真正撫慰到人類的孤獨。

2. 如果能將追求的理想目標化成現實，那就是「**每個人都能在這世界上擁有朋友**」的時代。如果能夠實現，才能真正感受到這世界終於真的變小了的感覺。甚至認為引起糾紛是一件非常麻煩的事情。

3. 為此，我們希望能拓展「**全世界都是我家**」的機制。請務必和當地的人相遇、融入其中，體驗當地的真實生活或文化。

　　雖然是同樣的概念，但在洞察型的故事中是定位為「解決方案」，在願景型故事中則是視為，實現偉大目的的「最初的一

步」。經過縝密設計的概念，能夠如此從兩個角度闡述。

　　如果到此都能理解內容，那麼應該已經十分熟悉故事設計的基本道理了。在第五章要說明的是，如何將概念轉化為關鍵字。

☑ **所謂願景型的故事，**
是連結過去與未來的故事型態

· 訴說「從一開始」的使命，呈現「總有一天」的未來樣貌，
　將「為了達到那個目標，現在應該做的事情」定位為概念。

· 例）桃太郎與總統的故事

· 例）SpaceX 火箭發射的故事

☑ **使命是指組織持續擔負的「社會使命」**

· 真正製造出來的是什麼呢？問的是普世價值。

· 有關於企業本質的獨特詞彙嗎？問的是內在本質。

· 例）創造感動的企業　山葉發動機

☑ **願景是所要達到的「理想未來」**

· 用「看得見的詞彙」描述理想的未來。

· 撰寫願景的要點有兩個：
　① 提高解析度　② 跳脫舒適區

· 例）讓人類得以在多個行星上生活的 SpaceX

☑ **洞察型與願景型的整合**

· 用六個區塊的金字塔表現整體。

· 不論從哪裡開始思考都可以。

· 即使是從願景角度切入也不要忘記思考洞察，反之亦然。

第 5 章

將概念寫成
「一句話」

在本章中，會學習到如何將概念寫成一句話＝關鍵片語（key phrase）化的過程。為了將全新的意義，以一句話的形式極度簡化地傳達，可以說是，和在第三章與第四章所學到的「讓故事更加豐富加以組織」作業完全相反，必須具備**「去蕪存菁更為精煉」**的構想。

在夏目漱石的小說《夢十夜》當中，以製作東大寺南大門金剛力士像而廣為人知的佛像製作師傅‧運慶登場。以下引用的是，主角在夢中觀摩運慶工作情況的場景：

> 「究竟為何能如此自然地使用鑿子，就刻出想要的眉毛和鼻子？」實在佩服地五體投地，而忍不住自言自語。結果剛才那位年輕男子回應「什麼？那不是用鑿子鑿出來的眉毛和鼻子。而是將原本沒入木頭中的眉毛和鼻子，用鑿子和槌子的力量挖掘出來的。就像是從土壤裡挖出石頭那樣，不會錯的。」

雖然拿來和天才佛像製造師傅相比，顯得十分厚臉皮，但創造關鍵片語的作業就類似這個過程。從模糊不清的構想中，刨去多餘的部分，最後發現真正想要傳達的內容。就像雕刻一般，從種種資訊中，抽絲剝繭得出本質意義的行為。

在本身將分拆成三個階段說明如何寫成「一句話」的過程。最初將想要傳達的訊息**「梳理意義」**出來，其次**「精簡資訊」**，最後**「精煉用詞」**。單純理解成這只是為了學習而整理出的順序即可。應該有那種，比起要求他遵守既定的順序，不如讓其憑直覺書寫會更加順利的人吧。藉由本書學到標準流程後，剩下的就請各位自行發現符合各自風格的寫法囉。

5-1

書寫成一句話的步驟

▌ 步驟 1 梳理意義：三點梳理方式

　　首先，用關鍵片語整理要傳達的內容。所有的概念，最終都可能以「A 是爲了做 B 而擔任 C 的角色」這樣的句型來表現。由於是透過「顧客」與「目的」與「功能」這三點來梳理意義，因此稱爲「三點梳理法」。請參照圖 5-1。

圖 5-1：概念的三點梳理法

顧客	A（主詞）	是
目的	為了B（動詞）	的目的
功能	擔負C（名詞）	的功能

　　首先 A 是將視爲目標的顧客當成「主詞」來描述。如同第一章解說的，概念需要經常以顧客角度書寫。因此將生活者當

第 5 章　將概念寫成「一句話」

成概念的主詞，就能自然地滿足這一個要件。

目的 B 則是必須包含「動詞」在內的文案描述。在 A 空格填入顧客，能夠做到的新事物是什麼呢？在這裡填寫從未採取過的行動吧。

功能 C 是指，將商品或服務等品牌所提供的內涵所發揮的功能，以「名詞」的方式填入空格中。為了生活者的新行動，思考如何用明確的詞彙，表現能做到的貢獻吧。

本書再三提到的星巴克或是 Kindle 的概念，使用三點梳理法就能寫成如下的敘述。

案例 1：星巴克
顧客　「對於都市生活感到疲乏的人們」
目的　為了「能在城市中放鬆」
功能　擔負「在職場與家庭之間的休憩空間」的功能

案例 2：Kindle
顧客　「讓世界上的每個人」
目的　為了「都能在 60 秒內買到所有書籍」
功能　擔負「書店兼電子閱讀器」的功能

由於上述的案例已經是概念的最終型態才介紹給各位，以現在的狀態而言，說不定感覺不到拖泥帶水。而消除這種「拖沓感」正是本章的目的。而接下來的兩個概念，雖然本書尚未提及，但已經是舉世聞名的商品案例。如果是各位，從這裡開始如何創作一句話？

案例3：未來的電腦

在位於加州的帕羅奧圖（Palo Alto）的全錄（Xerox）研究所中工作的艾倫・凱（Alan Kay），在 1972 年所撰寫的論文，改變了電腦的未來。說到當時的電腦，是一台大到塞滿整個房間的巨大機器。光是運用就必須投入龐大的預算與人力。不論是科學家還是工程師，認為龐大化才是代表電腦的進化，而深信不疑。

一反那樣的時代常識，艾倫・凱則是提倡電腦將愈來愈小巧，並且未來將會發展成一人一台電腦。設計就如同現在的平板裝置一樣是單片板狀，價格則是設定在相對便宜的 1000 美元以下價位。艾倫・凱說明，這項商品是為了孩子們在「享受動畫或遊戲的快樂之餘，也能學習讀寫」而誕生的產品。從為了大人設計的龐大商業工具，到成為孩子們用來進行創意學習的工具。重新定義電腦的艾倫・凱的論文，從概念的角度來看，可以梳理成以下的內容。

顧客　「孩子們」

目的　為了能「一邊享受快樂之餘、一邊學習讀寫」

功能　擔負「一人一台電腦」的功能

案例4：成為長銷商品（long seller）的新型烤箱

2004 年上市的新型烤箱，成為為發展成熟的家庭用烤箱等家電項目，帶來一股新氣象的商品。特徵是「利用加熱後的水蒸氣進行料理」這一點。換句話說，可以說是一種「用水蒸氣烘烤」的技術吧。但是業務用的烤箱一直以來都是沿用傳統方式，因此在當時並非是多創新的技術。要說創新，不如說是

著眼於「在烹調的時候可以減少放入油與鹽」這樣的健康好處上。自上市至今超過 20 年，長年來皆為人氣熱銷的系列商品，其概念如下所述。

顧客 「在意代謝症候群的人們」
目的 「為了減少油鹽，健康烹調」
功能 擔負「蒸氣烤爐」功能

這個步驟的目的，是確保要表達的全新意義得到體現。文案長度即使多少變長也無妨。在描述上，請務必確實傳達細微的語氣差異。

步驟 2 精簡資訊：是目的？還是功能？

接著要進行的，是找出概念的核心。如同之後將要說明的，概念的關鍵片語，基本上可以分為**目的型**或是**功能型**。

三點梳理法的第二行與第三行，哪一行是代表「全新意義」的核心呢？請重複閱讀步驟 1「三點梳理法」所寫下的四段文章，在「目的」與「功能」之中，請選出覺得更重要的那一邊。能傳達出新意的是哪一邊呢？或是哪一邊只需要一句話字就能精準無誤地傳達呢？用這樣的角度思考也合理吧。

解說如下。

首先是星巴克的案例。是選擇「在城市中放鬆」的目的？或是選擇「在職場與家之間的休息空間」的功能呢？如果只有「在城市中放鬆」這一句，受眾可能會理解成，用外帶或罐裝咖啡也成立。規範的力量較弱。果然，星巴克是因為能創造

出「空間」，才是最重要的意義所在，對吧。因此應該可以判斷出，「功能」這一部分的敘述更加重要。

顧客　「對於都市生活感到疲勞的人們」
目的　為了「能在城市中放鬆」
功能　擔負「在職場與家庭之間的休憩空間」的功能

下一個案例是 Kindle。「書店兼電子閱讀器」這樣的功能可說是相當普遍的內容，和其他公司產品相較，並不是一個主要差異點。另一方面目的又是如何呢？能夠斷言「可買到所有書籍」的原因，在於上市當時，除了亞馬遜以外並無其他品牌可做到。因此，應該可以判斷出，全新意義的核心在於「所有的書籍都可以在 60 秒內買到」的這個目的。

顧客　為了讓「世界上的每個人」
目的　能在 60 秒內買到所有書籍
功能　擔負「書店兼電子閱讀器」的功能

至於未來型電腦的案例，應該就更容易理解了對吧？最值得的提案，在於「一人一台電腦」的功能。其價值在於，向世人展示了一個與巨型電腦的時代完全相反的發展方向。另一方面，其他的教材也可能達到「樂在其中的同時也能學習讀寫」的目的。

顧客　為了讓「孩子們」
目的　能「樂在其中的同時也能學習讀寫」

功能　擔負「一人一台電腦」的功能

顧客　為了讓「在意代謝症候群的人們」
目的　能「減少油鹽，健康地烹調」
功能　擔負「蒸氣烤爐」功能

▌步驟 3　精煉用詞：兩個單字原則

最後是精煉成一句話的工程。過去在美國工作的時候，經常收到**「如果要成為優秀的概念，請以兩個英文單字以內描述為目標」的建議**。

實際上，本書所列舉的例子多數都有符合兩個英文單字原則。索尼的「放入口袋的收音機」，就是 Pocketable Radio 這兩個英文單字。星巴克的 Third Place 和 Everlane 的 Radical Transparency 都是兩個英文單字。Airbnb 的 Belong Anywhere 也是兩個英文單字，甚至可以表示成 Belonging 的一個單字。

為什麼要以兩個單字為目標呢？最根本的理由是，人們一次可認知到的，最多就是兩個概念而已。如果是「能放入口袋的完全防水廣播」、「以拿鐵自豪的第三空間」、「徹底的透明性與無可比擬的功能性」的描述，不覺得焦點就會被模糊，變得不容易理解嗎？只是加入第三個概念，就讓概念的精確度驟然降低。

常言道，所有的創新都是由既有的概念組合而成。不論是再創新先進的技術或構想，結論是都可以用兩種要素的加乘效果來解讀。如果轉換到語言表達的問題上，就意味著只是使用大眾熟悉的兩個詞彙進行組合，就能表達出大多數的新事物。

當然，如果用日文完全複製英語的規則，並用「兩個日文單字」來表達整個概念，應該是不可能的吧。日語的美好是藉由「てにをは」這四個助詞的用法細緻地修飾不同語氣，要是犧牲這樣的美好，就太可惜了。即使如此，若是以結構要素來看，大致上還是可以朝著「兩個概念的組合」為目標。

　　在步驟 2 中聚焦的星巴克案例「在職場與家庭之間的休憩空間」的文案中，出現了「職場」、「家庭」與「休憩的空間」這三個概念。聽起來果然是缺乏關鍵片語應有的俐落。因為難記所以難用。「第三空間」（third place）正是用以解釋，如何將原本要用三個概念才能說明清楚的內涵，變成用兩個概念就足以傳達的工夫。

「在職場與家庭之間的休憩空間」

third place ／第三空間

　　Kindle 的「所有書籍都能在 60 秒之內買到」，這已經是近乎完成型的概念。甚至也加進了補充說明的詞彙，即使單純以「書籍」與「60 秒」這兩個概念的組合也可以成立。正因如此，雖然沒有簡潔好記的詞彙，也很容易理解，進而產生具體的想像。

　　那麼關於新型電腦「一人一台電腦」的概念，又該如何修飾呢？能夠用一個單字表達「每人一個」是最理想的。以英語來說有個非常適合的單字。那就是 personal。**個人電腦**（personal computer）這個詞組，在現代雖然只是表達一種品項，但在當時卻是劃時代的概念。在當時看好電腦體積會更巨大的氛圍

中，幾乎是不可能存在的意外的詞組。請參考後續解說「概念句型⑥矛盾法」的範本，體會當時人們受到的衝擊。

一人一台電腦

個人電腦 personal computer

最後是新型烤箱。要如何讓「減少油與鹽進行健康烹調」這句話多一點實質內容呢？這裡也用兩個單字規則來思考的話，應該會是「健康」與「烹調」為骨幹。直接變成單一詞彙就是「**健康烹調**」。由這個詞彙衍生出的概念，就是夏普（Sharp）的長尾型熱銷商品，水波爐（Healsio）。水波爐的命名如其概念 healthy oven 的發主 healsi 和 o 所組成。同時，也是表達「減鹽」日文發音減る（へる =heru）和塩（しお =shio）的雙關涵義對吧。光是四個文字，就成了向生活者提出全新「動詞」的生動概念。

「減少油與鹽進行健康烹調」

健康烹調／ Healsio

▍關鍵片語的三種類型

以上，說明了梳理意義，去除多餘的資訊，精煉而成的三個步驟，完成一句話生成過程的解說。像這樣產生的關鍵片語，可以從詞彙的組成分成三種類型。

一種是在三點梳理法中，關注目的的**目的型**。在目的型中，像是「將 1000 首歌曲裝入口袋中」或是「健康烹調」或是「全世界都是我家」等就是屬於這個類型。主要是**描述生活者全新行動的詞彙**。

另一方面，是聚焦在功能的**功能型**。「第三空間」或是 personal computer 屬於這種類型。相較於目的型是掌握行動的全新意義，功能型則是著重在商品或服務本身擁有的嶄新功能。基本上是以**名詞型表現企業或品牌的功能**。

一般而言，將關鍵片語濃縮成一句話是比較理想的情況，但根據企業文化、概念使用的脈絡不同，某種程度可能會要求進行說明。屆時，就善用結合目的與功能的**連結型**來因應吧。

圖 5-2：關鍵片語的三種類型

個人電腦（Personal Computer，PC）也是類似的情況，如果不是想著要讓全人類都能使用，而是只針對醫師的需求開發，若把「**可將所有病例資料帶著走的個人電腦**」當成補充脈

絡，應該會讓意義更加明確吧。Healsio 的情況也是，讓營養管理師或醫療相關人員一同參與，像「**少油少鹽　健康烹調**」這樣，直接補充關於健康涵義的文字，溝通起來應該會很順暢；如果是以工程師爲主的情況，可能就必須補充「**蒸氣烘烤　健康烹調**」之類的技術詞彙也說不定。

另一個，必須使用連結型的，就是以創造新分類爲目的的情況。當試圖創造一個不存在於既有市場的新領域時，就要用「帶著全新的目的的全新內涵」的角度加以構思。也就是說，如果不將目的與功能配成一組，恐有無法完整傳達的疑慮。

2018 年，以叫車 App 和食物外送而聞名全球的優步科技公司（Uber Technologies, Inc.），發表將使用空中飛車新事業「Elevate」計畫。對於齊聚會場的學者、記者、創業家及投資家、風險創投（venture capital）的重要人物而言，引起最大共鳴的，是優步提出「**讓塞車消失的空中共乘**」概念。試著以三點梳理法，改寫這個概念吧。

顧客　爲了讓「都市的居民」
目的　能從「從塞車中解脫」
功能　擔負「空中共乘」的功能

不論是聚焦在功能，變成「空中共乘」，還是聚焦在目的「從塞車中解脫」，是不是都有種好像少了些什麼的感覺呢？只有「空中共乘」這四個字，恐怕不了解爲何要飛上天的原因。就像詢問天真的孩子們的夢想一樣。而只有「從塞車中解脫」這樣的程度，也會失去「飛上天空」的衝擊。**必要與創新，創造新分類概念時不可或缺的，就是掌握這兩個關鍵。**

順帶一提，優步從一度陷入本業業績不振等窘境，甚至賣掉空中交通系統給其他公司。即使如此，能將空中飛車這樣的幻想產物，落實到具有社會性意義的商業概念「使塞車情況消失」，可以說優步還是發揮了發揮相當大的功能吧。

　　像這樣用「目的＋功能」描述概念的連結型，就能在毫無贅詞的情況下徹底傳達構想。但相反的，必須留意這類型在做為關鍵片語時會失去幾分俐落感（讓人好記住易用的普及程度）。

一句話的實作

　　跟著一句話的寫作順序，動動手挑戰小作業吧。首先，請閱讀以下以虛構企業爲題材的課題內容。

▌ 課題：住宿・旅館預約網站 Trail Japan

　　Trail Japan，是一個在國內排名第三或第四大的住宿・旅館預約網站。範圍涵蓋日本全國的旅宿設施。至今，該網站以堅持流暢的網站使用體驗與照片的可看性等功能，做出差異化，吸引不少使用者。但是隨著在網路上預約旅程已成爲理所當然，競爭更加激烈，轉眼間，網站的使用體驗品質就被其他公司趕上。當前，癥結點僅剩下物件數和價格而已。如果被逼得必須以企業體質決勝負，那麼毫無疑問有利於雄厚資本的公司。

　　爲了打破這樣的業界困境，Trail Japan 在公司內部號召有志者組成團隊，針對自己公司的服務概念展開內部調整。團隊注意到，僅一味追求使用者的使用體驗便利性，結果反而成爲讓 Trail Japan 迷失自我的理由。因此 Trail Japan 決定重新制定大方針「**成爲帶動日本地方旅遊熱潮的預約網站**」。原本就是廣受歡迎的目的地或是大型住宿設施的介紹，就交給知名網站經營，Trail Japan 決定自行開拓仍罕爲人知的日本秘境。

對於**在都市生活的人們而言**，想要找到的是，不是只觀光一次就結束，而是能讓人想一訪再訪的地方。為此，Trail Japan 的團隊親自走訪偏遠地區，發現當地的獨特魅力之處，決定在資訊傳播之際，也能設計全新的旅宿計畫。

請閱讀團隊透過三點梳理法所表達的下述概念，接著請回答兩個提問。

主詞　為了居住在都心的人們

目的　能遇見讓人想一訪再訪的，充滿魅力的地方

功能　擔負旅遊資訊傳播暨預約平台的功能

提問①　如果濃縮成關鍵片語，是選擇「目的」？還是「功能」呢？請在兩者中擇一。

提問②　在①所選擇的一句話中，精簡成關鍵片語。這時，請花費心思將其收斂成兩個概念，並盡可能地謹記使用直接了當的詞彙。

▋ 解說

提問①的思考方式

所謂「能遇到讓人想一訪再訪的，充滿魅力的地方」的目的和「旅遊資訊傳播暨預約平台」的角色。哪一個能讓人更深入掌握「全新的意義」？

再回頭閱讀課題敘述之後，Trail Japan 的團隊，將方針從

「成為帶動日本地方旅遊熱潮的預約網站」，改寫成「開拓尚未為世人所知的地方」。於是很自然地，就會將該團隊的新概念，理解為側重「遇見充滿魅力的地方」為目標。

顧客	為了居住在都心的人們
目的	**能遇見讓人想一訪再訪的，充滿魅力的地方**
功能	旅遊資訊傳播與預約平台

▲提問②的思考方式

接著就是讓「能遇見一個讓人想一再造訪，充滿魅力的地方」語句更加簡潔。當前的文章大致分為三個概念。「讓人想一再造訪」與「充滿魅力的地方」和「遇見」。讓我們朝著使用兩個概念來表現的目標試試吧。

首先是，「讓人想一再造訪」和「充滿魅力」，幾乎可以是算同義詞。那麼就直接整理成單一概念吧。於是就會變成以下的句子。

● 遇見一個讓人想一再造訪的地方

光是這樣，就變得簡潔許多了吧。甚至為了將關鍵片語變得更加精煉，試著將「讓人想一再造訪的地方」換句話說看看。請想像「讓人想一再造訪」的情景。如果是重複造訪同一個地方，認識的熟人或愛店應該也會隨之增加吧。甚至會獲得熟客等級的待遇也說不定。也可能出現將「歡迎光臨」改成「歡迎歸來」的瞬間。所謂「想一再造訪」的城鎮，也有可能是「期待回歸」的城鎮。這樣一想，關鍵片語就能替換成以下內容。

- 遇見一個期待回歸的地方
- 遇見，期待回歸的城鎮

　　光是將「往返」替換成「回歸」，就能讓人感受到人與地區的情感連結。

　　甚至能更深入思考。難道沒有別的說法可以取代「期待回歸的城鎮」嗎？所謂期待回歸的城鎮，可能是「故鄉」也說不定。用兩個英文單字來表現，就是「第二家鄉」（second hometown）。讓資訊精簡後意義會更加明確。

- 遇見另一個故鄉
- 打造另一個故鄉
- 多了一個能說「我回來了」的地方
- 第二家鄉

　　在都市人口增加的日本，對於「鄉間故鄉」一直有所憧憬。如果在日本的某一處，能有一個可以回歸的地方就好了。如同旅行一般，不用顧慮誰，在知之甚詳的地方放鬆休息，找回自己。可以遇見那樣的新故鄉，對於網站本身的意義而言，應該比單純尋找便宜划算的住宿更有意義才對。

　　如果是改成「**遇見另一個故鄉**」的簡單概念，大家應該很容易記住並運用。但是，隨著企業文化或有關人士的性格不同，加上僅能仰賴書面傳達等等條件的不同，應該還是有再詳細說明的必要。那時，就像是「**遇見另一個故鄉　旅遊平台**」或「**遇見另一個故鄉　日本發現平台**」，變成連結型的關鍵片語也沒問題。

▋ 用詞的品味是可以磨練的嗎？

當概念創造將進入一句話的最終階段，或多或少會開始要求品味。不過這類的品味，先天本質絕非必要，透過經驗與心力學習，都會盡可能地成長。

經常聽到「該如何提升詞彙能力才好呢？」確實擁有詞彙力是再好不過，但實際上不一定與概念的品質提升有關。

例如，正在思考「啤酒」的新商品概念。提到啤酒的話，就會想起「滑過喉嚨」、「濃厚」、「新鮮麥芽」、「啤酒花」（hop）、「泡沫」、「太好喝」之類的詞彙吧。就像是搜尋引擎的字詞預測功能一樣，與啤酒相關配套的詞彙有一定的範圍，但是，以創造新市場帶給大眾全新認知的詞彙而言，必須跳脫出一般會聯想到的範圍。重要的是，**比起知道多少詞彙，更應該關注的是，能消除多少對詞彙的刻板印象？能選出多少出人意料的詞彙呢？**

1987 年問世的朝日啤酒 Asahi Super Dry 的商品概念是「**辣口**」。這個詞彙原本是日本酒的專屬形容詞，當時並未用於描述啤酒。從其他領域帶入的「辣口」概念，正是 Super Dry 所創造的獨特的味覺品質（也就是在喝下的瞬間，感受到強烈的味覺刺激，又迅速地消失）。這是啤酒狹隘的聯想世界中，絕對想不到的詞彙吧。

辣口並非艱澀的詞彙。對於會喝酒的人而無人不知。但是如果是以啤酒為主題，要能想到辣口這個詞彙，光是知道這兩個字還不夠。即使在選詞方面有品味，然而品味的真面目，是激發出，一般搜尋引擎的字詞預測功能也無法達到的「**出乎意料的轉換能力**」。我們應該要如何才能獲得這樣的能力呢？

① 聯想法：串接聯想創造新的感知

　　找出「不在預期中的轉換」的學院派方式，就是無限延伸聯想到的內容。準備一大張白紙，在中間寫下題目。從中心往外畫出分枝，不斷延伸出可聯想到的詞彙。也被稱為心智圖（mind map），雖然目前市面上已有許多種作法，但只需要簡單地，盡可能將聯想往更遠處延伸就非常有效果了。

　　例如，試著以銷售智慧型手機給高中生為題目思考看看吧。首先在白紙的中間寫下「高中生與智慧型手機」，接著就是透過聯想遊戲的訣竅，讓詞彙不斷往下連接。最一開始，腦海一浮現「相機」之後，接著「照片」、「自拍」、「回憶」等等，就像順藤摸瓜般，不斷衍伸出新的詞彙。重要的是，自由地拓展聯想力，甚至直接忘掉最一開始的題目「智慧型手機」。只是一味地繞著題目轉的話，就算再怎麼想，就連字詞預測的外圈都搆不到。

　　從「回憶」這個詞彙繼續往下聯想，像是「學園祭」、「友情」、「羈絆」、「三年」、「畢業紀念冊」等諸多聯想不斷浮現。即使只是思考到這裡，也從一個「相機」的詞彙獲得諸多聯想。此時關注當成起點的「智慧型手機」與終點的「畢業紀念冊」，將文案寫成**三年後，你的手機將變成畢業紀念冊**如何呢？想像一下智慧型手機的相簿（camera roll）累積了三年份回憶的樣子，難道不是一個充滿新鮮感的提案嗎？「智慧型手機」與「相機」，或是「相機」和「畢業紀念冊」，雖然各自都能透過常識性的聯想而連結到，但一般而言，並不會直接將「智慧型手機」和「畢業紀念冊」鏈結。關於這點，雖然僅是一小步，但卻是**聯想的大幅升級**。正因如此，人們才會對於智慧型手機產生了全新的認知。

多數的文案撰稿人在撰寫標語時，會像這樣不斷聯想。曾經在蜻蜓牌（Tombow）鉛筆的廣告中出現過的標語「**就連火箭，也是從文具中誕生的**」。因此要是被說「文具是讓想像力更加寬廣的道具」應該也會覺得理所當然吧。

但是，即使是相同意義的內容，只要將「文具」和「火箭」一連結，仍會帶來一種彷彿發現什麼全新事實的感覺。這也是活用詞彙之間某種飛躍性的聯想所帶來的結果。

文具與火箭、智慧型手機與畢業紀念冊、啤酒與辣口，串聯起八竿子打不著的聯想，創造出全新的認知吧。

② 偶然法：善用和詞彙之間的偶然邂逅

相較於圍繞著題目逐漸往外延伸的聯想法，從最一開始，就跳出一般聯想的範圍，從「外圈的詞彙」構思的，就是偶然法。

以具體手法而言，最常見的是善用雜誌內容。首先，先選擇一本和思考主題完全無關的雜誌。例如，如果是以汽車為主題，就選服裝雜誌。如果是以美容為主題，那就選運動雜誌，像這樣選擇錯頻的種類，就是這方法的重點。

例如，在運動雜誌中經常出現的「暖身操」、足球場上的「一對一」，或是「由內而外充分鍛鍊」的詞彙，應該不會想到用在美容‧化妝品的概念上吧。「美的暖身操」、「一對一的組成」、「由內而外訓練肌膚」等，光是選擇來自不同業界的詞彙進行排列組合，就能創造出許多嶄新的意義。

也有不是利用雜誌，而是利用書籍的做法。將文庫本（便於攜帶的口袋本書籍）取代筆記本，強迫自己使用翻開的那一頁詞彙，撰寫概念或標語。我推薦在書店或圖書館到處走動的方式，因為沒有一個空間像圖書館或書店那樣，能將如此多元

的語言，以向他人傳達意義的精煉形式，分門別類地整齊排列。一邊四處走動，一邊不斷運用映入眼簾的詞彙創造概念，可能會產生想像不到的詞彙。

不論是在什麼情況下，重點都在於強制性地創造和詞彙「偶然邂逅」的機會。然後，用蠻力將不同世界的詞彙往主題的方向拉近；置身於充滿詞彙的空間思考看看。

③ 同義詞代換法：置換單字尋求最佳解

先寫出關鍵片語之後，再搜尋用過的單字的同義詞吧。此前進行的小作業 Trail Japan 的解說中，有注意到「讓人想一訪再訪的城鎮」這句吧。在這裡，如果要重新思考「想一訪再訪」的同義詞，可以列出以下詞彙當成替換候選。

「想長居於此」、「希望成為居民」、「希望成為常客」、「希望能愈來愈熟」、「希望時常往返」、「想要回歸」、「想要重返」、「想深入認識」、「想從這裡通勤」、「想從這裡上下學」、「想經常在此露臉」。

在這之中，「想要長居於此的城鎮」也是不在預期中的轉換，雖然很有趣，但是從旅行網站原本的經營目的來看，或許太過頭也說不定。反倒是像住宅相關的網站對吧。此外，「想要重返的城鎮」雖然意義較相近，但反而更會讓人意識到「無法重返」的情況，可能是被當前生活中的什麼束縛了不是嗎？之類比較負面的印象。果然還是「想要回歸的城鎮」這樣的詞彙是最合宜的詞彙。像這樣經過不斷思考之後，以決定最終使用的措辭。

有一個讓想不出太多同義詞的人，覺得安心的工具。大家有使用過同義詞辭典對嗎？同義詞辭典，是一本針對一個詞彙列出類似意義詞彙的辭典，對於像作家或散文家，或是學者等

以寫作爲職業的人士而言，爲了尋找適當的換句話說‧措辭所使用的工具書。代表的辭典是《日文同義詞檢索辭典》（日本語シソーラス類語検索辞典，大修館書店）。是一本相當有分量的書籍，因此如果煩惱無處可放的人，可以先從小型的同義詞辭典《新明解類語辭典》（三省堂），和《類語國語辭典》（角川書店）等開始使用即可。

做爲小試身手，先在同義詞國語辭典中查找「品牌」這個詞彙。結果品牌歸類在「記號」這個項目當中，與「箭頭」、「目標」、「記號」、「標誌」、「標章」、「商標」、「象徵」、「指標」等詞彙並列。意義稍微廣泛一些的類似詞，則有「音符」、「家徽」、「徽章」、「象形文字」等詞彙。究竟該把品牌解讀成「標誌」還是「家徽」，還是要將其當成是近似於「象形文字」來理解呢？若是放在詞彙的體系中思考，光是這樣，思考就能益發寬廣。

只要一個詞彙被釋放出來，其他意義相近的詞彙就像被磁鐵吸引般聚集到手邊。這個感覺不親自操作過一次是無法理解的。因此請務必前往圖書館到處看看。

拓寬聯想力，使用偶然的力量，最後再以同義詞黏著。或許最一開始需要有意識的努力，但逐漸習慣之後就能自然而然地運用了。沒錯，品味是需要經過學習才能徹底領會的。

5-3

有助於濃縮成一句話的
十種句型

本節要來介紹的是，有助於「創造詞彙」的種基本句型。因為這十種在概念建構上都可說是正統手法，因此請務必純熟運用。不必想得太困難。就當成是在玩文字遊戲般填入句型中，試著創造概念吧。

▌概念句型①：變革敘述法

在提出涉及重大變化的想法之際，首先嘗試看看變革敘述法吧。所謂變革敘述法，就是使用「從 A 變成 B」或是「將 A 當成 B」的形式，來描述變化前後的句型。將 A 填入現狀，將 B 填入變化後的理想狀況。A 和 B，藉由選擇變化前後有距離感的單詞，創造出具有衝擊效果的概念。

圖 5-3：變革敘述法

・描述變化前和變化後（before・after）
・讓A與B配對
・讓A與B之間有適當的距離感

從現狀進化成理想　傳達變化的概念

在參加我所教授的概念培訓課程中，有一名是在連鎖超市營運公司擔任經營企畫的男學員。在我提出從顧客角度寫下概念的課題後，他提出的是「比其他地方更貼近地方生活型態的超市」這樣的概念。雖然「貼近地方生活型態」是很常用的詞彙，但請思考看看。對於居民而言，在聽到「貼近」這兩個字，他真的會開心嗎？所謂貼近地方生活，也有可能是帶著和善笑容的強迫推銷。

於是，我詢問男學員使用「貼近地方」這個詞彙背後隱含的想法，他告訴我以下的內容。在他所工作的超市，很多門市都是在距離都市有一段路程的郊外。顧客很多都是開車前往，採買完所需的物品之後就馬上回家。但是近年，似乎經常看到很多居民會佇足在停車場附近聊天的情景。超市，應該從只是單純販售東西的地方，轉變為提供一個讓附近的居民輕鬆聚集的空間不是嗎？那就是他之所以寫下「貼近地方」這個詞彙的構想根源。

男學員已經開始掌握到超市要實現的「改變方向性」。在這樣的情況下，變革敘述法多半都能巧妙地發揮功能。因此我很快地再請他套入句型後重新思考。之後過了幾天，他提出的概念是「**從前往購買的店家，進化成前往赴約的門市**」。和「貼合地方需求的超市」相較之下，能更具體理解變化的方向性了對吧。從就算沒有什麼要事，沒有要購買的東西，轉變成只是單純想和誰見個面的超市。在結束課程之後，男學員就在公司內部分享這個概念。討論相當熱烈，首先先設置一個，讓前來消費的顧客們能稍事休息，享受聊天樂趣的簡易輕食空間，並提供試吃品等，實現了一個不需額外花錢就想到的點子，到付

諸實行的企畫。

「看得見的變化」變成「可創造的變化」

　　就連最為人所熟知的概念，滿多也是使用變革敘述法。例如 JR 東日本建立 ecute 事業的時候，專案團隊所揭示的概念就是「**從人們經過的車站進化成人們活動的車站**」。讓原本只想比誰都要快速通過的站內，成為讓人不自覺想停下腳步休憩的場所。現在大家應該都知道，掌握到理想變化的這個概念，現在已經在許多車站中付諸實現了。

　　森大樓的防災概念，是「**從逃出來的城市，進化成逃難者避難的城市**」當年教育我們的是，發生地震之際，要趕快逃離建築，往寬廣的地方移動的時代。曾是以超高樓層為中心的開發專案六本木之丘，反而將高樓當成避難場域。耐震或免震結構，獨有的發電廠、大規模的儲備、緊急避難用的天窗等也都有事先規畫，連同附近的設施，可提供大約一萬名因天災無法回家的人避難約三天的收容場所。

　　主打充滿設計創意的成人商品典雅株式會社（TENGA），其事業概念是**將「性」攤在陽光下**。其提案極為明快地表現在，想要打造一個，將原本不論是擁有，還是使用時都感到心虛的成人商品，改造成誰都能正大光明使用的時代。

　　你所創造的東西，產生了什麼樣的變化呢？將反映現狀或對象（A）和理想（B）各自變成詞彙，套入「從 A 進化成 B」，「將 A 變成 B」的句型，試著描述看看吧。

▌ 概念句型②：比較強調法

　　所謂的比較強調法，在於同時傳達否定和肯定，藉此讓提案更加明確的手法。經常會出現「比起 A 應該是 B」或是「不是 A 而是 B」這樣的句型。目的就在於，改變接收方大腦的優先順位，將至今眾人所認定的常識變為非常識的效果。

圖 5-4：比較強調法

・在 A 的空格填入既有的常識性思維
・正是因為否定常識提出新常識，
　才能創造衝擊性

只有五個字的概念

　　在美國受到歡迎的運動飲料，開特力（Gatorade）。2012年在改造品牌形象時，所提出的概念是 **ON ＜ IN** 這樣如同暗號般的詞彙。知道這是什麼意思嗎？

　　開特力的主要客群是十幾歲的年輕運動員。在日本就是所謂國高中的社團學生。根據調查的結果，了解到年輕的運動員並不關心如何補充水分與營養。在水分補給方面，總認為有水和飲料已經很足夠。要吃飯的話，攝取較有飽足感的廉價巧克力點心即可。針對為了提供在運動時能迅速補充水分而生產的開特力這類運動飲料，甚至有人質疑只是浪費錢而已。那麼，

年輕的運動員眞的是爲錢所困嗎？絕非如此。年輕人對於高價的果汁或是運動服裝可說是毫不保留地花大錢。

透過調查可發現的是，開特力眞正的競爭對手，並不是其他牌的飲料，而是運動服。對於運動員而言，當成熱量燃燒，驅使身體活動的是飲料或食物。不論運動服機能性有多高，都無法驅使身體活動。如果是運動員，最應該講究的，是攝取進入身體的食物才對。於是，從這裡產生的溝通概念就是 ON ＜ IN。所謂 ON 是指穿戴的裝備，IN 就是喝入身體的水分。由於是要對十幾歲的社團學生傳達**「為了獲勝，應該要投資的，不是穿戴的裝備，而是喝入身體的水分」**的想法，才會使用符號來表現。

只有五個字的明確指針，讓開特力的行銷策略發生大幅度轉變。關於詳細的機能與成分如何可以稍後再談。開特力開始到處溝通，教育社團學生爲什麼應該講究喝東西的理由。就這樣，因為**「贏在體內」**（WIN FROM WITHIN）這句標語而出名的冠名活動也因此誕生。

「並不是這個，而是那個」是由「那個」來決定的

雅瑪多運輸（Yamato，在台灣是黑貓宅急便）已故社長小倉昌男，人稱「宅配之父」，他以**「宅配不是運送業，而是服務業」**，積極聘僱有豐富接送與自營業經驗的駕駛。駕駛會對高齡客戶說，要是有太重的行李，可以協助搬運到室內。如果客戶是獨居女性，則不會做同樣的事。並不是只照本宣科地行動，而是自律性地主動思考，要求駕駛像旅館的從業人員一般提供熱情周到的服務。正因爲「只要運送貨物到達目的地就結束」這句否定了運輸業的價值，才會變成「宅配不是運送業，而是

服務業」，這句強烈地傳達服務業這個詞彙所隱含意義的句型。

賈伯斯在創辦蘋果的黎明時期，曾不斷提到「**我們不是工程師，而是藝術家**」。事實上，這就可說是組織（公司、企業）的概念。要求所有的員工都必須在產品設計、文字排版設計（typography）、操作上的細微之處都要帶著美的意識面對。甚至是連使用者都不會看到的基底，都要展現出徹底完美的製作。毫無疑問，正因爲「不是工程師」的意識已成爲常態，才能打造出全世界少有的設計爲傲的品牌。

你所打造的東西，是否定什麼肯定什麼呢？用「不是 A，而是 B」、「比起 A，應該是 B」的結構來描述看看吧。

▍ 概念句型③：「不」的消除法

許多新商品與服務，某種程度是爲了消除「不」而產生的。先寫下不滿・不安・不愉快・不自由等的「不」吧。特別是找出顧客所感受到痛苦的「不」，那就是當你要描述目前尙不存在的世界時，將形成的強力概念。

圖 5-5：「不」的消除法

・找出痛點（使用者的痛苦）
・詢問「如果痛點消失，眞的會開心嗎？」的問題

從生活中消除痛苦

　　所謂「不」，有時會以「痛點」來表現。而所謂痛，就是指即使要花大錢也想要消除的生活上的痛。如字面所述能消除痛苦的，是醫療器械製造商泰爾茂（Terumo）。泰爾茂提出糖尿病患專用的**「不會痛的自用注射針頭」**的概念，推出全世界最細的胰島素注射筆專用針納諾帕斯（Nanopass）。在這款眾所矚目不會痛的自用注射針問世之後，泰爾茂再研發出**「不可怕的自用注射針頭」**。因為針頭變短，解決了在視覺上感到恐怖的要素。

　　在家電方面，**「不需要清潔濾網的空氣清淨機」**或是**「沒有扇葉的電扇」**等，減少生活中不便的商品熱銷。**「唯一一款吸力不會減弱的吸塵器」**在詞彙傳達上也是同樣的結構。在服裝業界，貼合身體的**「無鋼圈內衣」**也逐漸廣為接受。

　　「不」的消除法，也有助於探究創意本身的顧客價值。曾經有一名在材料製造業工作的學員，發表**「以一件衣服度過春夏秋冬」**的獨特概念。在炎熱的時期透過風吹降溫，在寒冷季節則是因能吸汗而轉變為熱能。這是個如同魔法般有趣的詞彙對吧。但是，卻讓人有種難以理解顧客價值為何的感覺。對我們消費者而言，真的會希望穿著同一件衣服度過一年四季的時光嗎？這個概念看不出能引起消費者共鳴的點。

　　於是，我將前述概念改成「不再需要○○的服裝」的句型，讓學員重新思考詞彙。之後學員提出的修改版為**「不再需要換季的服裝」**與**「不隨著季節結束的服裝」**這兩個概念。

　　「不再需要換季的服裝」，很明確地傳達出，要讓在春夏與秋冬之際覺得換季很麻煩的人從中解脫。不只是這樣。如果不再需要換季，就能減少手邊的服裝數量。由於訴諸的是極簡生

活方式，並且也是針對容易凌亂不堪的衣櫃，提出務實的解決策略，應該能引起顧客的共鳴。

另一方面，「不隨季節結束的服裝」所瞄準的消費層，並不是一般消費者，而是服裝品牌。通常，在服裝門市架上陳列的商品，每個季節都需要汰換。如果是當季滯銷的庫存品，就會以促銷價格銷售，即使如此還是賣不動的話，就會送到暢貨中心，最後就是丟棄。但如果是「不隨季節結束的服裝」，有一年的時間可陳列在架上。不只是一年到頭都可使用的功能性而已，更是在這重視永續性的時代中一項全新的價值提案，不是嗎？不論是哪種概念，都是著眼在「不」這個字上，讓顧客價值更加明確。

你所打造的東西，是消除了什麼樣的「不」呢？找到更多能引起共鳴的痛點，將之轉換成詞彙吧。

▋ 概念句型④：暗喻法

暗喻法是將目標「比喻」為不論是誰都能想像的事物，也是一種能準確傳達新創建概念形象的方法論。當然不僅限於概念，應該也是日常對話中經常會使用到的，讓人覺得十分熟悉的修辭法吧。

圖 5-6：暗喻法

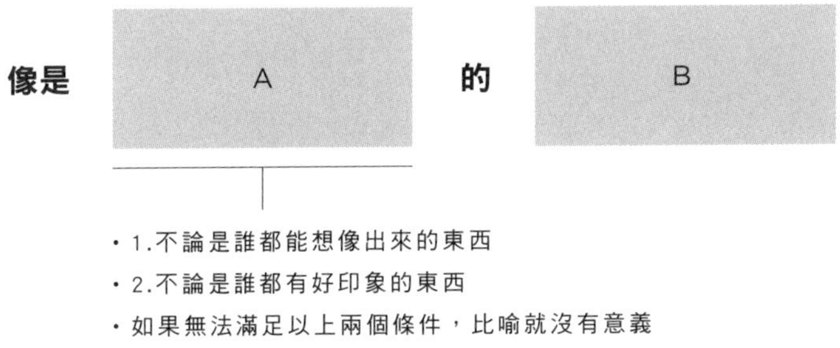

像是 | A | **的** | B

- ・1.不論是誰都能想像出來的東西
- ・2.不論是誰都有好印象的東西
- ・如果無法滿足以上兩個條件，比喻就沒有意義

像紅酒一般的毛巾？

　　製造與銷售今治毛巾的業者池內有機（Ikeuchi Organic）。深知有機棉有品質不穩定的弱點。由於收穫量不穩定，因此無法因應一般需要穩定量產的商業模式。在那樣的困難中，池內有機採取逆勢操作，反向思考「每年品質都會發生變化的這種特性，難道沒有積極善用的方法嗎？」於是誕生了這一款「**如品酒般享受毛巾 Cotton Nouveau**」。

　　其他類似的詞彙像是「享受不同的毛巾」或是「明白專屬於今年觸感的毛巾」之類的表現，可能沒辦法馬上理解。如果是以「像紅酒一般」為比喻，就會讓人想起，這款有機棉毛巾不僅是工業品，也是一種農產品，成為享受如同薄酒萊葡萄酒（Beaujolais Nouveau）一般，味道會因年份不同而發生變化的提案。此外，讓人聯想到紅酒的細部設計以及 Cotton Nouveur 這個命名的主軸也發揮了效果。透過比喻，紅酒文化的概念完全移植到毛巾的世界。

商業模式透過暗喻的方式更加進化

　　高級香水品牌馥馬爾香氛出版社主打名為「**香氛出版社**」（Editions de Parfums）的獨特概念。其實是將通常隱身於幕後的調香師（parfum designer）與品牌之間的關係，比喻為明星作家與出版社之間的關係，並進行變革。事實上，馥馬爾香氛出版社在行銷戰略、時間、原料、成本等限制都取消，賦予調香師擁有完全的創作自由。品牌方則是徹底扮演陪跑者的編輯角色。完成的香水瓶身與書籍相同，會印上調香師的姓名。這些做法，和既有的一切業界習慣相較，都是前所未見的。隨著馥馬爾香氛出版社的香水往大眾行銷方面進化，等於是向只開發受萬人喜愛的香氛業界，投下一顆以注重作者獨特風格為切入點的石頭，激起漣漪。

　　可以說是開創 LCC（廉價航空）的始祖西南航空（Southwest Airline）的概念是「**飛上空中的巴士**」。許多航空公司在樞紐機場（航空公司提供轉機旅客至下一個目的地的中繼點）採用轉機的輻射式系統（hub-and-spoke）的過程中，連結兩個中型規模機場的直飛班機，會像巴士一般折返。由於是巴士，所以不需要多餘的服務。就可以控制浪費行徑，徹底降低成本，甚至連使用的便利性都像搭乘巴士一般。西南航空的商業模式，完全就是透過巴士的暗喻法所創建的。

　　擬人化應該也可以當成是暗喻的一部分吧。三得利（Suntory）罐裝咖啡 BOSS 是以「**勞動者的夥伴**」為概念所開發的飲料。在內容物與功能方面難以再做出明顯差異化的項目中，若以人來比喻，透過存在感來創建概念的手法是有效的。樂天的企業形象標語「**嘴裡的戀人**」也是同樣採用擬人化的手法。無印良品「**貼合人體的沙發**」成為暢銷商品的契機，是源

自於網路上的某位人士提到「**讓人變成懶骨頭的沙發**」才開始廣爲人知。這也是一種讓人感覺，難道是因爲沙發本身有人格才讓人變糟嗎？的表現。

試著將你所創造的東西的印象，比擬爲其他的物品吧。愈是使用天差地遠的世界的暗喻，愈有可能產生新的提案。

概念句型⑤：翻轉法

所謂翻轉法，就是指推翻常識的思考方式，描述新常識的方法論。和「「不」的消除法」不同，翻轉法並不一定只關注負面的現象。反倒是，甚至連一般認爲正面的思考方式都會被翻轉，是一種讓原本隱藏於暗處的新價值獲得揭露而採用的方式。

圖 5-7：翻轉法

・並非如③「不」的消除法將焦點放在「負面」現象。
・像華歌爾（Wacoal）「胸型看起來變小的女性內衣」一樣，翻轉既有認知創造全新的價值

看起來大⇄看起來小

華歌爾在 2010 年 4 月推出的「**胸型看起來變小的女性內衣**」，應該是說明翻轉法很好的例子。當時的女性內衣市場，幾乎是競相強調如何將胸部更集中托高的功能。實際上經過市場調

查後所得到的結果，高達九成以上的女性受訪者回答「希望胸型看起來更大」。但是華歌爾卻注意到剩下那一成受訪者，爲其開發內衣。結果，該款胸型看起來變小的女性內衣成爲暢銷商品。對於罩杯尺寸較大的女性之中，其實隱藏著「希望穿上洋裝時，身材線條看起來俐落」、「很在意襯衫鈕扣之間的縫隙」的眞實心聲。胸型看起來變小的內衣不只是單純唱反調的商品，可以說是爲那些受到常識框架束縛的女性帶來解脫吧。

2000 年，受迪奧（Dior Homme）延攬出任創意總監的海迪・斯里曼（Hedi Slimane）設計了一款「**讓男性看起來嬌小的西裝**」。說到男性的西裝，通常會加入墊肩，使其身形看起來高大威武，這已經是業界常識，也因此斯里曼的作法當然引起正反兩極的評論。但是，對於「男子氣概」抱持疑問的態度，在性別價值觀愈來愈多元的時代，也逐漸爲人所接受，與之後的緊身褲風潮等成爲大趨勢的源流。

視爲必需品的人的眼鏡⇄非必需品的人的眼鏡

這商品是爲了誰什麼目的而使用的呢？也是有推翻商品根本常識的例子。在日本有視力矯正需求的人數約有六千萬人。光是這樣的人數，一般來說，只要製造眼鏡提供給這些將眼鏡視爲必需品的消費者即可。但是 JINS 卻將重點放在其餘一半的消費者。開發的概念是「**適合視力絕佳者的眼鏡**」。從此，可降低智慧型手機、PC 等數位螢幕發出的藍光刺激的 JINS PC 問世。視力很好的人喜歡戴眼鏡並使用，這種非典型常識，如今已經成爲日常光景。

愈舊愈便宜⇄愈舊愈貴

愈舊愈便宜，這曾是不動產的常識。有誰能想像得到，建築屋齡 30 年的中古公寓大廈，如今卻比在同樣地點且同樣面積的新成屋賣得更貴的時代來臨了呢。推翻不動產業界常識，創造「愈舊愈貴」現象的是「復古公寓」這個概念。而技巧在於，並不是去找「中古」的反義詞「新建築」，而是能找到復古。和中古相反，牛仔製品、餐具或家具等會隨著時間流逝價值更提升的，使用的會是 Vintage 或是 Antique 對吧。像這個例子，並不是一味尋找反義詞，而是找到當成對照組的價值，就是翻轉法的重點。

試著寫出業界、商品或服務的「常識」吧。請嘗試推翻一個個的常識，並檢討看看能否從中找到新價值。

概念句型⑥ 矛盾法

像「小巨人」或是「滔滔雄辯的沉默」這樣通常會結合矛盾的兩個概念，就是所謂的矛盾法。使用「明明是 A 卻是 B」的句型，將兩個通常用「或」（or）連結的概念，改成用「和」（and）連結形成詞彙 A 與 B。

圖 5-8：矛盾法

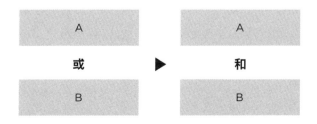

・A和B要填入如同水與油般互不相容的概念

例如英文會話補習班（NOVA）。從可達到「**明明是在車站前卻像在留學**」的效果中，發展出「**站前留學**」的概念。這就是將典型的「二選一」（A 或 B），變成「兼顧」（A 和 B）的教科書式案例。

是謀殺懸疑小說還是愛情戲劇呢？

在內容製作中，通常會將「謀殺」與「愛情喜劇」視為兩個極端對立的種類。謀殺是透過嚴肅且懸疑感營造引人入勝的緊張氛圍，但愛情喜劇通常都是明快的，令人悲傷，讓人心動不已的劇情。不論是故事的創作，還是氛圍的營造上也有相當大的不同。著眼於這樣的矛盾之處，創作出明明是謀殺懸疑劇情，卻也讓人期待愛情喜劇要素的新種類「**謀殺愛情喜劇**」，就是青山剛昌先生的《名偵探柯南》。在解開殺人事件謎題的主線之外，還有新一和小蘭兩個主角之間的愛情喜劇發展。這種風格可以說是漫畫或動畫獨有的，故事的基調隨著每個場景不同而瞬間改變。

就是那個「該不會是！」已經成為常識

AKB48 原本應該是遙不可及的偶像，但卻成為只要去秋葉原就可「**見得到面的偶像**」，名聲地位提升。「**無印良品**」的命名本身就是一種矛盾法。是品質或價格都很昂貴的名牌品？還是便宜又品質低落的無名品牌呢？超越只有兩種選擇的局面，製造出「**雖然是無名品牌但品質良好**」的商品，這樣的決心，體現在「無印良品」四個字上。

所謂學習狂這樣正經的書籍中，不可能會出現的「糞便」卻緊黏不放的《**便便練習簿**》（うんこドリル），成為教材類中

特殊的暢銷商品。從各種尺度來看這都是十分兩極的詞彙組合。此外，同樣廣受孩子們歡迎的漫畫還有**《屁屁偵探》**（おしりたんてい）。兼具智慧與勇氣，令人心生嚮往的偵探，以會放屁的屁股形象出現，對於這樣的反差設定讓人欲罷不能。

對於一穿上就覺得痛的包頭高跟鞋，以獨家軟墊技術使其變得好穿的 GU 品牌「**棉花糖高跟鞋**」。以「**可以奔跑的包頭高跟鞋**」為開發概念雖然是理所當然，但以象徵柔軟的棉花糖，為原本因堅硬而腳痛的包頭高跟鞋命名，這也可看出是一種矛盾法。

在近年年銷量一萬套就算成功的西裝產業中，一年可以賣到五萬套的，是青木西裝（AOKI）在 2020 年推出的「**睡衣西裝**」。可以在正式場合或遠距上班穿著，就像睡衣一樣舒服，整潔體面輕鬆舒適。

明明是 A 卻是 B。試著連結兩個相互矛盾的概念，創造出帶來新鮮衝擊的詞彙組合吧。該不會是！這種會讓人想一再詢問的詞彙組合，在經過數年之後也會變成常識。在看了前述介紹過的案例之後，應該就能理解我的說法了。

▊ 概念句型⑦：民主化（democratize）

讓原本只有特別的人才能擁有的東西，開放給所有人。所謂民主化，特別是在數位時代的商業模式中，成為一個成功的概念建構方式。

圖 5-9：民主化

讓　　　　X　　　　開放給所有人

讓特別的東西成爲大家的東西

1975 年創立微軟的比爾蓋茲，主張「**讓電腦進入所有的書桌與家庭**」（A computer on every desk and in every home）。換句話說，就是「**讓電腦普及**」的意思吧。他所擘畫的願景，是讓當時僅一部份的人所擁有的電腦，在全球普及的世界。他所開發的 BASIC 讓入門者可學會程式編碼。如果沒有 Windows95、98，個人電腦的時代，不會這麼快實現吧。

如果是和將萬物民主化的微軟相比，蘋果則是可被視爲發揮「**讓創造能力賦予所有人**」的企業。不是將創意家這個詞彙當成一個職業，而是蘋果品牌的特性，在於始終相信沉睡在每個人體內的精神力量。

此外，NIKE 的創業者對於「只要有一副身軀就是運動員」的觀念深信不疑，品牌的概念就是「**讓所有的人成為運動員**」。像這樣的思考方式，和松下幸之助的「**自來水哲學**」或是福特的「**汽車民主化**」的經營概念有相通之處。

許多高舉民主化的企業，在最初都是將利基目標當成是往來對象。微軟的核心客層是在當時電腦使用者尚被稱爲技客（geek）的時代，NIKE 的核心客層是當跑者還只是一部分人興趣的時代，福特的核心客層則是當時還在汽車發展初期的駕駛。和現在相比，當時幾乎是難以想像的小規模市場。但爲了要擴大商業基礎，必須從利基型的核心客層往主流市場發展。市場的擴大戰略與民主化概念話術之間極爲契合，成爲推動以廣告爲中心的大眾市場或是全球化的原動力。

在社會包容的時代「每個人」的意義正在改變

但是未來時代的民主化，應該不只是單純將東西普及到全

世界而已吧。應該會帶著更多具有社會變革的色彩。

　　當成一股趨勢，在世界各地開始出現坦率面對人種、性別與年齡相關的偏見，並以超越偏見的概念為構想的企業。例如，對於白人至上主義的美容業界提出異議的 Fenty Beauty by Rihanna 品牌。創立該品牌的，是現在活躍於美國的歌手蕾哈娜・芬蒂（Rihanna Fenty）。概念是「**讓眾人都變成美人**」（Beauty for All）。

　　由多元人種共存的美國，肌膚顏色自然也是多元的。但是幾乎所有的知名品牌，都是推出適合白人膚色的彩妝品，相對的，符合黑人等擁有較深膚色的色調變化（color variation）則是相當少數。蕾哈娜正是將這種美麗差距視為問題所在。她所提出「為了眾人」（for all）也是表示，她將帶著覺悟面對至今美容業界未能正視的人群。

　　此外，推廣社會正當行動也逐漸形成一股潮流。全球消費財製造業者聯合利華（Uniliva），自 1984 年起提出「**讓清潔成為生活的理所當然**」（Make Cleanliness Commonplace）的主張。然後在 2019 年，該公司則將主張改寫成「**讓永續成為生活的理所當然**」（Make Sustainable Living Commonplace）。繼推廣清潔的概念之後，該公司的訴求是永續生活。

　　各位是否有想要透過自己的事業推廣的新價值或是新生活方式呢？我想這應該是值得檢討的提問。

▌概念句型⑧：個別化（personalize）

　　與民主化相對的是個別化的思考方式；隨著數位科技的發展，可配合每個人的需求不同客製化因應。請想像在百貨公司

中購物的情況。當你踏進商店的那一刻起，店內的展示商品就會隨著你的喜好進行更換。為了讓你更容易看到，貨架上的商品也會有所改變，身旁則是跟著記住你過往所有購買紀錄的店員，隨時推薦商品。這樣的世界雖然不可能成為現實，但是在像亞馬遜（Amazon）這樣的電商網站，彷彿是理所當然般地已經實現。數據與人工智慧（AI）的組合，讓所有領域都可實現至今做不到的個別化服務。而且這樣的趨勢似乎勢不可擋。

圖 5-10：個別化

讓　　　　X　　　　每 個 人 都 有 一 個

配合你的興趣改變節目表內容的時代

想想看人與動畫節目之間的關係吧。曾經的我們只能按照節目時間表生活。如果想要收看星期一晚上九點的戲劇，就必須在那個時間點回到家，想要看電影的話，得依循上映時間表，然後配合開始播映的時間往回推算交通移動的時間。網路影像播映網站網飛（Netflix），正在試圖扭轉這樣的節目內容與人之間的主從關係。目標是讓**「每個人都有一座電視台」**。不是你來配合節目表時間，而是節目表配合你的喜好不斷更新。這樣的世界觀逐漸成為常態。

所謂個別化也是人性化（humanize）

大企業多半是建立一個將單一成品賣給所有人的「通用尺寸」（One size fits all）商業模式。使用者必須自行主動配合

企業所展示的產品外型。而顛覆這層關係的，就是個別化的概念。經常以顧客至上，企業配合個體的需求。所謂個別化，換句話說，也可以說是以人為本的人性化。

艾倫‧凱（Allen Kay）的「個人電腦」就是先驅。並不只是單純讓電腦普及，而是重新詮釋個人電腦，因為是可以激發每個人潛力的發明。在美容業界，為了因應每個消費者的髮質或頭皮等煩惱量身訂製，推出「**個人化洗髮精**」，或是配合每個人的肌膚特性推出「**個人化護膚**」也愈來愈受歡迎。此外，在服裝業界也認為，只分成 S‧M‧L 等尺寸已經過時，應該配合每個人的體型，增加生產「**個人化服裝**」才對。理想的體型或是美麗的形狀並不是只有一種，鼓勵愛著自己的與生俱來的體型和外表的「身體自愛」（body positive）趨勢，也是推動個別化的原動力。

在教育中，活用 App 以配合每個人學習程度不同所推出的「**個人化學習**」的新創公司也陸續成立。在零售業，像亞馬遜這樣的「**個人化商店**」應該會成為基本規範吧。

在各位所處的業界，如果導入個別化的概念，會發生什麼樣的事情呢？有沒有可能在滿足每個人的喜好或個性之餘，進一步發展地更人性化呢？結合詞彙一起思考具體提案吧。

概念句型⑨：移位法（錯位法）

移位法，正確來說，比起句型更像是一種構思方法。我們提過，大多數新的概念幾乎都可以透過既有的概念排列組合後加以表現。在移位法中，首要就是設定基本組合。然後，再對各種組成要素進行錯位。

圖 5-11：移位法（錯位法）

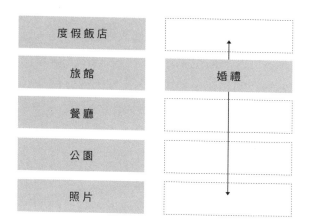

從錯位中產生任何可能

　　要說到婚禮業界最標準的形式，就是「飯店・婚禮」吧。但如果是要尋找新形態的婚禮，就要先將「婚禮」錯置，並與各種各樣的空間綁定，再驗證實務可行性即可。例如圖書館、大學、山頂、海底、天空（飛機）、辦公室、市中心、車站內、工作室、虛擬空間、桑拿……。許多看似新發現的商業模式，其實也有不少是既有的事業發生錯置之後才產生的。

　　在日本的產業界，大約是從 2000 年代初期成果主義開始普及。「**放在辦公室的固力果零食**」（Office Glico）就是從「這樣一來職場壓力不就更大了嗎？」的假設中誕生的。由滿滿的 100 日圓零食組合而成的「精神重振箱」（refresh box）配送到各個辦公室。還活用從農產品直銷處無人店舖所得到的提示，讓使用者將 100 日圓硬幣投入零錢筒，就能自行取用一包零食。這不是需要插電的自動販賣機，而是裝著零食的塑膠抽屜

加上零錢筒，這樣單純的服務內容，不僅受到女性歡迎，男性使用者也大幅增加，甚至成長爲該公司主要的營收來源。從便利商店和超市到進駐辦公室。透過將銷售場所錯置之後創造的組合，成功開拓一個全新的市場。

同樣再舉一個用空間錯置法而成功的例子，羽田機場從車站便當得到靈感而開始推出「**航空便當**」。經過種種調整，如便當是否爲飛機座位的托盤可容納的尺寸，或選用盡可能降低會散發氣味的食材，或在烹調上不斷下工夫累積的結果，最後成功在日本全國推廣，現在甚至已經成爲飛機旅途中的標準配備。

不僅是場所，也可看到透過將時間錯開，成功打開全新市場的例子。例如家電。在頂客族夫妻比例不斷增加的現在，在白天要進行所有的家事恐怕愈來愈困難。這時，就出現了「**白天做家事的家電**」和「**晚上做家事的家電**」這樣利用錯開的時間而產生的構想。如果是晚上做家事的家電，就必須追求比在白天做家事的家電更加寧靜的性能，而白天爲了不成爲干擾作息的用具，存在感較低的設計相對受到偏好。因此提出能滿足調整時間的功能和設計的提案。

曾經以個人獨立作業爲賣點的工作服專賣店 Workman，在 2018 年成立的 Workman Plus，就是將目標客群從原本的技術專家，改成一般家庭的想法。在保持高功能性與價格低廉的條件下，提出休閒式設計的工作服。在 2020 年全新的業態「#Workman 女子」出現後，甚至納入距離原本技術專家的世界有些遙遠的女性們的需求。

100 種不同的錯位法

右圖是將錯位的重點分解成 100 個並列成清單後的內容。

總共分成地點、時間、對象、利益等四個主題經常使用的接頭語加以並列。用「優格」這樣的詞彙，當成實驗連看看吧。

　　光是這樣，就可以創造出一百個關於優格的概念規畫案。當然在這之中也有完全不知所云的內容。但是同時，應該也隱含著就算如何認真思考也不見得能想到的創意概念。例如，將時間錯位之後產生的「**夜晚的優格**」如何呢？一般對於優格的印象都是在早上食用，但事實上腸道活躍的時間點是晚上。如果是一款在睡前食用之後，晨起時神清氣爽的商品，不就是一項很棒的產品嗎？同樣將焦點放在「夜晚」，在利益那一格經過錯位法所產生的「**讓人熟睡的優格**」聽起來也很有趣吧。透過整腸效果，讓人快速進入睡眠狀態的商品設計也是有可能發生的。「**讓人變頹廢的優格**」則是跳脫原本健康方面維持優等生形象，連結到的是奢侈且甘甜的商品形象。

圖 5-12：100 種不同的錯位法

時間	地點	對象	利益 1	利益 2
夜晚的	家庭的	大人的	能變得健康的	能吃的
早晨的	學校的	孩童的	讓人做自己的	可以玩的
特別日子的	都市的	高齡者的	變美的	能學習的
365天的	地方的	親子的	能有自信的	奔跑的
春（夏秋冬）的	日本的	家庭的	讓人變頹廢的	能言善道的
24小時的	國外的	性別平等的	能放鬆的	受人喜愛的
瞬間的	海‧山‧河的	青春永駐的	能熟睡的	有進步的
100年的	圖書館的	從0到100歲的	促進食慾的	攜帶型的
幼兒期的	度假村的	環球的	養成習慣的	永續的
青春期的	辦公室的	身心障礙者的	擴大可能的	循環型的
退休後的	公園的	專業的	克服不拿手的	沉重的‧輕盈的
運動前後的	街頭的	業餘的	不分場地的	大的‧小的
用餐前後的	體育場館的	一人份的	不分時期的	可省時的
結婚前後的	農場的	集團的	與人相連的	不花錢的
節食中的	港口的	聰明人的	可分享的	可拯救生命的
懷孕中的	產地直送的	挑戰者的	可前去見面的	可裝飾的
念書中的	工廠直銷的	無法放棄者的	不易壞的	融入空間中的
睡眠中的	最近的	孤獨者的	不會消失的	安全‧安心的
休假日的	很遠的	層峰的	不需替換也無妨的	可一生交往的
工作日的	太空的	天選之人的	固定費用制的	成為歸宿的

■概念句型⑩：符號化

想要傳達的意義內容，如果替換成「數值」或「圖形」或「單字」就是符號化。不是以文章，而是用能傳達意義的最小單位加以表現。在轉化成不論是誰都能記住並加以使用的概念時，能發揮絕大的效果。以**第三空間**（Third Place）表現在家與職場之間，能夠休憩的場所，就是典型的符號化。符號化不只是數字。在比較強調法中所介紹的開特力 **ON ＜ IN** 也是一種，讓人將焦點放在詞彙表現上，可說是符號化的好案例。

圖 5-13：符號化

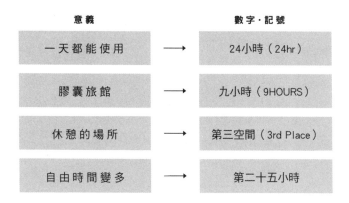

意義		數字‧記號
一天都能使用	⟶	24小時（24hr）
膠囊旅館	⟶	九小時（9HOURS）
休憩的場所	⟶	第三空間（3rd Place）
自由時間變多	⟶	第二十五小時

如果用最簡短的詞彙表達？

世界少數的經濟都市巴黎。居住於市中心的人口約 200 萬人。作為花都吸引觀光客慕名而來變得繁華的城市，近年因汽車帶來的空氣汙染成為問題。巴黎的大眾運輸機關雖然十分發達，但因為系統或是基礎建設逐年老舊，加上抗議行動頻繁，因此在巴黎工作的人半數以上都是選擇開車通勤。改變這現狀的，是 2020 年 3 月，巴黎市長安娜‧伊達戈（Anne Hidalgo）

提出**十五分鐘都市**（15-minute city）的完善都市建設概念。誰都不需要開車，就可以在 15 分鐘內達到學校、職場或是超市等，目標是打造一個可以在 15 分鐘內到達生活所必需機能的城市。具體來說，就是計畫在容易引起塞車的十字路口改成行人限定的步道，在將近六萬個地方以上的路邊停車空間，變成公園或是綠地等。

接續巴黎，瑞典的創新‧系統（innovation system）廳也發表了**一分鐘都市**的概念。在離家後約一分鐘之內的地區，透過居民的力量親手將之改變成理想地方的計畫。鄰近空間該如何活用，當地居民夥伴，包含孩童在內，都能提出想法，腦力激盪，其結果可以使用木製的模型，讓概念具體化。於是，遊樂區、戶外健身房、或是滑板車的放置場所、咖啡座等陸續出現在街道上。

實現完全自動駕駛的未來。我們在汽車裡度過時間的方式也會有重大轉變吧。德國的汽車品牌奧迪，以**第二十五個小時**的概念研究在車內度過時間的方式。據說，根據國家或地區的距離不同，平均每人每天會花上一小時待在車裡。從那層意義來看，自動駕駛技術可讓人類從駕駛中解脫，等於賦予人類一天多出一個小時的意義。從「在車內度過時間的方式」的觀點思考，和從「第 25 個小時」的觀點思考，想必會引導出不同的體驗吧。

讓膠囊旅館進化的 **9HOURS**。這個命名也是相當優秀的概念。將在市區旅館住宿的三大要素，拆分成洗澡一小時，睡眠七小時，以及打點自身情況的一小時。在這九個小時中充實絕對必要的功能，其他與此無關的就全部省略。9HOURS 這個詞彙，並非銷售膠囊旅館的型態，而是明快地宣示其銷售的事，

在都市夜晚中度過既舒適又合理的時間哲學。

在美國受到 Z 世代歡迎的化妝品品牌 Glossier 的概念是**肌膚第一，化妝第二**（Skin First. Makeup Second.）。這家品牌完全不使用被視為恐怕是造成肌膚粗糙原因的酒精，或是對羥基苯甲酸酯（Paraben）之類的防腐劑。這一個概念雖然只是用數字符號表達優先順位，但其標榜的概念與年輕世代對於美妝時最重視的優先順序不謀而合，因此獲得共鳴。

如果各位想要傳達的意義內容，被刪到只剩最低限度，並用「數字」、「符號」或是「單字」代替，可能會變成怎麼樣的表現呢？

當你認為「寫出來了！」還要進行「三次測試」和「七天測驗」

一度寫下完整的概念之後，先試著進行「三次測驗」。要做的事情很簡單。只需要對空氣大聲朗讀這個概念三次。基本上如果記不住這段文案，就證明文案結構太長太複雜。如果在大聲朗讀的過程中似乎會咬到舌頭，或是變得很難說出口，這情況就表示用詞過於生硬艱澀。只要反覆大聲說出來就會變得暢快。請試著找出最適當的字數和措辭吧。

另外一點。若到截止日期之前還有時間，請進行「七天測驗」吧。保留幾個關於概念的候選內容後，先擱置在旁約七天的時間。七天之後，最先想起的會是哪個概念呢？有沒有遺忘的詞彙呢？正因為是會被長期使用的概念，更要事先確認，這個概念擁有足夠停留在人腦記憶裡一段時間的強度。

5-4

概念句型的實作

在第五章的最後，透過小作業來測試技能，看看能否運用學過的句型結構。

課 題

Airbnb

Airbnb「全世界都是我家」這樣的概念，如果將注意力放在詞彙創造的方式上，就會發現它符合「將 A 當成 B」的**變革敘述法**。那麼，其他的句型能怎麼表現呢？請參考圖 4-11，套用以下七種句型，改寫概念吧。（限時：30 分鐘）

比較強調法：比起 A 應該是 B ／不是 A 而是 B

「不」的消除法：沒有（不需要）×× 的○○

暗喻法：像 A 一樣的 B

翻轉法：將 A 推翻之後就是 B

矛盾法：明明是 A 但是 B → A 和 B

民主化：讓○○開放給所有人

個別化：讓每個人都有一個 ××

解 說

有容易撰寫的結構，相對的也會有怎樣都寫不出來的結構對吧？如果有那種讓人感覺「很難撰寫」的句型或是技巧，那可能

是因為各位尚未掌握到思考迴路也說不定。趁此機會讓各位的得意技能多一項吧。

這次，先從課題中拿掉移位法和符號化。移位法雖然對於需要從零開始思考的概念時，效果特別顯著，但比較不適合用於將既有的框架內容進行換句話說的課題。關於符號化，與公司命名由來有關的 **airbed & breakfast 住宿加早餐**已經是一個回答案例。雖然這個詞彙是用來形容，居住在世界各地的房子裡的「床墊」和僅準備「早餐」的詞彙，但光是這兩個單字，就能象徵性地表現出整體服務的概念了對吧？

那麼就來看看回答案例吧。

比較強調法

為了符合比較強調法的結構「不是 A 而是 B」，首先應該要先考慮被否定的對象 A。Airbnb 所提供的，應該不是像套裝旅遊或提供一般住宿設施的普通「旅遊」體驗。此外，核心使用者也不希望是被當成「旅客」對待，而是希望在旅行目的地被視為當地人對待。

如果將 A 規定為是被否認的，下一步就是要去尋找與之相對的 B。如果是否定一般的做法為「旅行」，應該可以用**「比起單純旅行更想要住住看」**的方式來表現。如果是要否認「旅客」，應該著重在與房東社團的關係，就能想到**「比起只是旅客，更希望成為友人」**這樣的措辭。「旅行」＜「居住」。「旅客」＜「友人」。不論是哪一個都可以透過比較，讓想傳達的意義變得更為明確。

「不」的消除法

Airbnb 所要解決的關於旅途中的不滿，主要是「讓人當成外來者對待」和「從當地生活中感覺遭到隔絕的體驗」。為解決將這

樣的不滿並轉化為具體詞彙，「**就像在地人的旅行**」，或是「**融入當地生活**」的概念就完成了。

暗喻法

寄宿在目的地城鎮居民的房子中的體驗，可以暗喻為什麼呢？最簡單的表現就是「**像到異地生活的旅行**」。其他還有，「就像在世界各地寄宿一般」，或是「像共享乘車般分享自己的房間給他人」這樣的措辭，但如果難以用直覺方式傳達，就不能說是有效的暗喻法了。

翻轉法

在翻轉法中就是完全推翻旅行常識，發現了新價值。例如，針對每個人都會拿著一本導覽手冊旅行的常識作為，改成提出「**不在導覽手冊上的旅行**」的概念如何？應該可以說明，住在當地生活者的家中的好處吧？甚至在現代，透過社群平台上找到的旅遊景點巡禮，拍下同樣照片，彷彿是對答案般的旅行也成為主流。如果推翻這樣的主流，創造出「**沒有答案的旅行**」的概念，那將會成為無冒險之旅的對照組吧。

矛盾法

在矛盾法中，首先會以「明明A但是B」的對立詞彙組合來描述服務內容。例如「明明是旅行，但就像是移居」或是「明明是旅行，卻像是搬家的感覺」。最後再結合兩個概念，就會創造出像是「**移居旅行**」、「**搬家旅行**」這樣的新造詞概念。雖然詞彙還是很生硬，但是Airbnb「獨特」的體驗，就像是移居當地，當然也可以說是正在旅行嗎？

民主化

想想看 Airbnb 是將什麼東西民主化了呢？例如，過去能說出自己在世界各地都有朋友的，只有大使或外交官這樣少部分的人而已吧。但是今後，不論到哪一座城市去，都會有一個社區歡迎自己的到來。這樣的現象就能以「**讓所有的人，和世界相連**」來表現。

個別化

思考一下民主化的相反詞。透過 Airbnb 所體會到的，專屬於你獨享的體驗是什麼呢？那應該是，從你選擇的房間開始，不是模仿誰的，只屬於你獨一無二的旅行風格。例如「**每個人獨一無二的旅行故事**」，就是個貼切的候選。

回答案例

變革敘述法	將「全世界都是我家」依歸
比較強調法	比起旅客更希望成為友人
「不」的消除法	希望創造一個不讓人當成外來者的旅行
暗喻法	像是在當地生活的旅行
翻轉法	不在導覽手冊上的旅行
矛盾法	移居旅行／搬家旅行
民主化	讓所有的人，和世界相連
個別化	每個人獨一無二的旅遊故事

透過基本句型的運用，概念創作的切入點就能更加多元。然而句型終究只是一種提示而已。請嘗試自行探索能讓人留下印象更深刻的記憶，又能精準掌握意義的措辭。

☑ ①梳理意義 → ② 精簡資訊 → ③ 精煉用詞

☑ **梳理意義－三點梳理法**

- 分為顧客、目的以及功能這三點梳理的方法
- 以 A 為了做 B 擔負 C 的功能，這樣的句型彙整
- 在 A 放入主詞，B 填入動詞，C 填入名詞

☑ **去除多餘資訊：是目的？還是功能？**

- 使用三點梳理法完成的文章中，創造「新意義」的起點是目的還是功能呢？
- 依據選擇不同，分為「目的型」、「功能型」與「連結型」。

☑ **精煉詞彙：兩個單字規則**

- 所有的事情都可以用兩個概念（兩個英文單字）的組合來表現
- 例）Pocketable Radio（口袋型收音機）、
  3rd Place（第三空間）、Radical Transparency（極度透明）
- 以兩個概念為中心，在日語中是用「助詞／格助詞」（てにをは）來控制細微的差異。
- 詞彙選擇可應用在「聯想法」、「偶然法」、「同義詞法」中

☑ **活用十個基本結構**

① 變革敘述法：將 A 當成
② 比較強調法：比起 A 應該是 B ／不是 A 而是 B
③「不」的消除法：沒有 A ／不需要的 B
④ 暗喻法：像 A 一樣的 B
⑤ 翻轉法：推翻 A 之後就是 B
⑥ 矛盾法：明明是 A 但是 B → A 和 B
⑦ 民主化：讓 X 開放給所有人
⑧ 個別化：讓每個人都有一個 X
⑨ 移位法：將兩個組成要素的其中之一錯位之後會怎麼樣？
⑩ 符號化：如果用符號代替文字意義呢？

第 **6** 章

讓概念「最佳化」

終於來到最後一章，在本章會說明，如何將至今介紹過的句型，套用在各式各樣的商業現場的「最佳化」方法。為了盡可能協助到更多人，選出三種代表性的商業場景來說明。

首先第一種是產品開發。儘管各企業會有自己一套撰寫企畫書的詳細方法，但需要牢記的基本要素是共同的。這裡會介紹如何將容易變得複雜的概念，**以「一張投影片」的方式彙整成框架**，並解釋如何將此概念框架連結到開發過程。

第二個是行銷。在行銷當中，概念不只是會變成「設計圖」，也是一種驗證商品是否能被顧客接受的「原型」。由於前提是設定顧客會仔細閱讀並給予評價，所以彙整成**「一篇文章」**是比較適當的。

第三個是，說明如何規範組織行動價值的制定方式。為了要讓全體員工都能理解並且記憶，基本上會使用簡潔的詞彙，書寫成數行的**「文案集」**加以運用。

本章雖然出現新的框架雖，但其本質思維都是至今為止學過的內容。本章除了新的學習之外，目的也包含回顧本書內容，強化基礎能力。請一邊適時地確認至今學習的成果一邊往下閱讀。

產品開發的概念

用一張紙說明製造成品的方式

　　企畫書的風格，有多少家企業就有多少種風格。有詳細描述功能或規格的企畫書，相對的，也有用故事敘述的風格，像是使用一張張圖文故事板，推導使用者體驗。有認為使用小型字體塞滿整張投影片才是最佳投影片的團隊，也有鼓勵以草圖為基礎提出直觀企畫書的團隊。但不論是在什麼場合，在要開發什麼之際，都有必須先牢記的基本要素。將之簡化成一張紙的內容，請見圖 6-1 的概念表（concept sheet）。

　　從上開始依序是目標、洞察、概念並列，下方則是有圖像（image）、利益（benefit）以及事實（fact）的項目。如你所注意到的，這就是在第三章學到的洞察型故事結構的框架。

　　這次的內容，和第三章只是填入四個 C 的洞察型故事框架最大的差異，在於明確區分出利益和事實（技術‧製造方式‧素材等）的書寫欄位，並且需填入多種利益為前提。在故事設計的階段，只要牢記連結到概念的關鍵利益即可，但一旦落實到開發過程，支撐概念的次要利益，以及為了實現次要利益所需的事實，則必須毫無遺漏地填入。此外，即使和概念沒有直接相關，但工程師與其他部門之間須事先協調的機能或是要

圖 6-1：概念表

TARGET｜目標	INSIGHT｜洞察

CONCEPT｜概念

IMAGE｜圖像

KEY BENEFIT｜關鍵利益	FACT｜技術・製造方式・材料等的根據

SUB BENEFIT｜次要利益	FACT｜技術・製造方式・材料等的根據

SUB BENEFIT｜次要利益	FACT｜技術・製造方式・材料等的根據

SUB BENEFIT｜次要利益	FACT｜技術・製造方式・材料等的根據

OTHERS｜其他

素，則是彙整於「其他」的項目中。

　　另外還有一個，請注意在「圖像」這個項目中，為何特別設計一個欄位的原因。這是用來繪製草圖的空白處。請見圖6-2。

圖 6-2：以「人」為中心，改變歷史的兩張草圖

（左）出處：Alan Kay, A Personal Computer for Children of All Ages,〔picture of two kids sitting in the grass with Dynabooks〕© Alan Kay
（右）出處：https://www.city.asahikawa.hokkaido.jp/asahiyamazoo/2200/p008762.html

　　圖 6-2 左邊的插畫，是出現在艾倫・凱 1972 年所撰寫的論文中登場的「個人電腦」的草圖。畫出在草坪上孩子們像是在玩耍似地享受讀寫的樣子。透過如此令人憐愛的圖像，艾倫・凱賦予了電腦一個與「商務人士在辦公室中所使用的無機質龐大機器」截然不同的印象。

　　圖 6-2 右邊的插畫，是公開在北海道旭川市旭川動物園官方網站上的十四張插畫之一。

　　隨著入園人數驟減而面臨閉園危機的 1990 年代。飼育員們每晚都訴說著彼此心目中理想動物園的樣貌。從這相互交流的過程中誕生的創意，是由之後成為繪本作家的阿部弘士先生，當時畫在月曆和廣告宣傳單的背面空白處。從這草圖中孕育出呈現動物栩栩如生走動樣貌的「**行為展演**」的概念，而旭山動

物園也成爲吸引來自世界各地想要一睹風采的人氣觀光景點。

　　這是改變歷史的兩張重要草圖。請注意，都是以「人」爲中心繪製。在概念表上提到的草圖，是指讓團隊分享應達到的目標圖像。**比起繪製詳細的規格，不如畫出對於使用者心目中理想的體驗。**

　　已經了解概念表的概要了嗎？在開始埋首於撰寫厚重的企畫書之前，我個人推薦請務必先完成這張概念表。如果先建立能貫穿整體的故事與概念，就是完成了一份不論另外加上多少旁支資訊，都不會迷失重點的企畫書。

█ 概念表的實踐：健身鏡的開發概念

　　從這裡開始，將一邊實際填寫項目、一邊確認概念表的使用方式。題目是可連網的鏡子，也就是所謂的智慧鏡（smart mirror）。詳細的設定請見下方。

企業： Perfect Body（虛構的企業）

商品： Perfect Mirror（虛構的商品）

商品概要： 因為是可連網的鏡子，因此被稱為智慧鏡。在鏡子中嵌入螢幕，可對照健身影片與鏡子中的體態進行運動。

目標： 居住在市中心的三十幾歲雙薪家庭

　　從這概要來看，第一步是先建構概念。圖 6-3 是已經填寫

完建構洞察型故事的四個 C。這圖也做為一個回顧，以下將逐一解說。

圖 6-3：已填妥建構洞察型故事架構的 4C

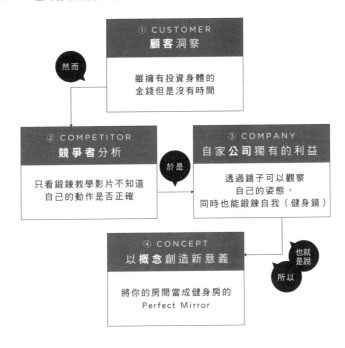

首先是洞察。提出「居住在市中心的三十幾歲雙薪家庭」這樣的目標特徵，說明健康意識與可支配所得都比平均值要高。有錢可投資身體健康。然而在時間方面卻並不充裕。雙薪家庭並且分擔家務，在某些情況中也有可能需要養兒育女。在洞察的空白欄，應該可以寫下「**雖然擁有投資身體的金錢，但是沒有時間（去健身房）**」。

接著是競爭者。直接的競爭者，首先浮現在腦海中的，應該是為了能在健身而購置的跑步機或是仰臥推舉吧。但是在居

第6章 讓概念「最佳化」

住空間有限的市中心住宅中，要放置大型器材應該是滿困難的。在有小孩的家庭更是有可能造成意外的風險。

更具比較價值的競爭者，應該是在影音網站上發表的「健身影片」吧。只要有一支智慧型手機，不論什麼時候都可以鍛鍊，甚至還是免費的。但是，這樣的影片也存在難題。一邊看影片、一邊健身，**並不會知道自己是否真的是以正確的動作在運動**。如果是用錯誤的姿勢持續運動，無法達到原本應有的效果。此外，一個人運動的話，也比較難以維持動力。

如果了解洞察與競爭者的弱點，**應該就能看出自己公司應將主軸著重在什麼利益**。如果能打造出一款有鏡子的鍛鍊器材，購買者應該就能一邊透過鏡子確認自己的動作一邊健身。總括整體的概念，就是「**將你的房間當成健身房**」。不只是健身器材，而是達到在房間重現如在健身房的體驗的目標。這樣一來故事的架構就完成了。

甚至，為了和工程師或決策層討論這樣的概念，以利順利進行後續開發工程，更需要準備一張**概念表**。

圖 6-4：健身鏡 Perfect Mirror 概念表（一）

TARGET｜目標	INSIGHT｜洞察
30幾歲　城市　雙薪男女	雖然有錢去健身房但沒有時間鍛鍊

CONCEPT｜概念

將你的房間當成是健身房

IMAGE｜圖像

KEY BENEFIT｜關鍵利益	FACT｜技術・製造方式・材料等的根據
可從鏡中一邊確認 自己的動作、一邊健身	鏡型螢幕 可當成鏡子映照姿勢，也能投射出清晰的畫面

SUB BENEFIT｜次要利益	FACT｜技術・製造方式・材料等的根據

SUB BENEFIT｜次要利益	FACT｜技術・製造方式・材料等的根據

SUB BENEFIT｜次要利益	FACT｜技術・製造方式・材料等的根據

OTHERS｜其他

第6章

讓概念「最佳化」

基本三組合：
洞察・概念・關鍵利益

首先請將洞察與概念原原本本地謄寫下來。此外，作為關鍵的第一個利益項目中，寫下「**可從鏡中一邊確認自己的動作、一邊健身**」，而支持這項利益的技術，則是寫入「**鏡型螢幕**」，「**不僅發揮鏡子的功能，同時也能清楚反映影像**」是必要的規格，所以寫下來吧。

請參考圖 6-4。至此，透過四個 C 所思考的內容都已囊括其中。接著，為了要讓概念更加具體，甚至必須發揮想像力。思考看看為了「將你的房間當成健身房」有什麼是必要的吧。

次要利益①

僅有硬體的話，無法重現在健身房的體驗。在健身房，應該會有精通各項鍛鍊的指導員，並且提供許多種課程菜單吧。因此第一個次要利益，不如就設定成「**24 小時都能享受滿足自己需求的課程菜單**」如何？接著，為了實現這個利益，具體敘述必要的各種軟硬體。例如「**和全球擁有超高人氣的 500 名教練簽約，準備 10,000 套健身課程**」這樣的內容。從最短五分鐘到最長一小時的豐富多元課程，可依照消費者需求 24 小時全天候使用。這樣一來，使用者就能有效地利用一天當中的零碎時間。

次要利益②

為了讓單看影片就覺得無聊的使用者也能使用，該項產品也提供「**只要在家就能接受私人課程**」的利益。為了實現這目

標，在技術上首先必須準備能連結使用者和指導員的「相機」。此外，如果能設計一套針對使用者**「動作或姿勢正確與否的評量軟體」**，即使是在線上遠距教學，教練也應該比較容易給予建議吧。

次要利益③

像在健身房有一個**「相互激勵的群組」**應該也是必要的吧。認識參加同一堂課程的同伴、彼此聯繫、彼此比較鍛鍊進度，就能創造持續下去的動力。因此決定**「開發手機 App 提供社群功能」**。

其他

其他像是，和音樂串流服務合作，可在鍛鍊過程中叫出適合聆聽的歌單的機制，或是可保存健身紀錄，隨著達成每項目標就會給予獎勵的機制，還有銷售鏡面清潔的相關商品等，應該都能納入考量的項目中吧。像這類即使和概念的直接連結較弱，但也是很重要的細節，就先彙整填入「其他」之中。

描述至今的洞察後所完成的 Perfect Mirror 概念表，如圖 6-5 所示。

在圖像中所繪製的，是使用者在面對指導員時，同時也能從鏡中確認自己動作的情形。該圖像展示了以人為中心，將房間當成健身房的體驗。

透過讓四個 C 構成的基本故事更加豐富，商品的構想也更加充實。請從最上面的目標開始閱讀。應該能順利地完成一次發表才對。

圖 6-5：健身鏡 Perfect Mirror 概念表（二）

TARGET｜**目標**	INSIGHT｜**洞察**
30幾歲　城市　雙薪男女	雖然有錢去健身房但沒有時間鍛鍊

CONCEPT｜**概念**
將你的房間當成是健身房

IMAGE｜**圖像**

KEY BENEFIT｜**關鍵利益**	FACT｜**技術・製造方式・材料等的根據**
可從鏡中一邊確認 自己的動作、一邊健身	鏡型螢幕 可當成鏡子映照姿勢，也能投射出清晰的畫面

SUB BENEFIT｜**次要利益**	FACT｜**技術・製造方式・材料等的根據**
24小時都能享受滿足自己需求的 課程菜單	和500位超人氣指導員合作， 設計10,000套以上的隨選健身菜單

SUB BENEFIT｜**次要利益**	FACT｜**技術・製造方式・材料等的根據**
在家也能接受 個人課程	相機和可辨別動作的軟體

SUB BENEFIT｜**次要利益**	FACT｜**技術・製造方式・材料等的根據**
相互激勵的群組	透過手機App提供社群功能

OTHERS｜**其他**

- 和音樂播放網站合作
- 記錄鍛鍊成果，一旦超過目標就給予獎勵
- 鏡子相關清潔用品的販售

小作業①：
安靜的吸塵器 Aries

　　當成能力測試，來解答這道小作業吧。題目是虛構的吸塵器品牌新商品 Aries。以開發者的評論與競爭商品「Z」的使用者評論等為提示，試著填寫概念表中的空白欄位。

提示 #1　Aries 開發者的評論

　　「最新款 Aries 的最大賣點是靜音技術，可以減少清掃過程中的噪音。透過專利技術，可將噪音降低至 40 分貝以下。這是日本最好的靜音功能。此外 aero vacuum system 則是每分鐘可達 10 萬次迴轉的小型馬達，吸入垃圾。根據實驗結果，撿拾率達 99%。意味著木質地板上幾乎不會留下碎屑或垃圾。此外，因為搭載可 360 度迴轉的平滑滾筒，因此機動性相當出色。有小孩的家庭，特別是對於雙薪家庭的夫妻而言，應該是一項很輕鬆就能使用的家具，不是嗎？」

提示 #2　競品使用者的訪問

　　男性使用者：「我使用以強大吸力為賣點的他牌產品 Z 已經三年。我非常滿意這款產品的吸力。因為家裡有小朋友，有時在地板上爬來爬去時，會撿起掉在地上的東西往嘴裡塞，所以真的不希望留下灰塵碎屑之類。」

　　女性使用者：「我使用的是他牌產品 Z。家中清潔主要是丈夫在負責。雖然他會使用吸塵器確實是幫了忙，但有的時候會

被丈夫的神經大條弄得很煩躁。像是小嬰兒熟睡時，因為丈夫使用吸塵器而被吵醒，或是我居家開遠端會議時，可能正好是他清掃的時間吧，就開始用巨大的噪音吸地。如果換一台吸塵器可以解決這個問題嗎？」

女性使用者 2：「他牌產品 Z 真的是非常強力的吸塵器幫了大忙。因為我們夫妻都在上班，實在不太可能每天都吸地。因此希望透過一次清掃就能徹底清潔乾淨。要説有什麼缺點，就是這款吸塵器對我來説滿重的⋯⋯真的會滿累的呢。可以的話希望能單手輕鬆吸地就好了。」

提示 #3 洞察與概念

從兩個提示推導出的洞察與概念如下所述。來填入概念表中剩下的要素。

目標：**有年幼孩子的雙薪夫妻**

洞察：**雖然想要有強大的吸力，但討厭噪音**

概念：**讓吸力堪比圖書館等級的安靜**

圖 6-6：吸塵器 Aries 概念表（一）

TARGET｜**目標**	INSIGHT｜**洞察**
有年幼孩子的雙薪夫妻	雖然想要有強大的馬力，但討厭噪音

CONCEPT｜概念

讓吸力堪比圖書館等級的安靜。

IMAGE｜圖像

KEY BENEFIT｜**關鍵利益**	FACT｜**技術・製造方式・材料等的根據**

SUB BENEFIT｜**次要利益**	FACT｜**技術・製造方式・材料等的根據**

SUB BENEFIT｜**次要利益**	FACT｜**技術・製造方式・材料等的根據**

OTHERS｜其他

小作業①的解說

小作業①目的是確認能否根據概念，提出相關的利益和事實加以整理。

新款 Aries 的概念是「**讓吸力堪比圖書館等級的安靜**」，因此在第一個利益寫下和安靜有關的利益。從使用者的訪談當中可以了解到，掃除的聲音會吵醒嬰兒，對於夫妻而言是生活上的一大問題。「**不會吵醒熟睡中的嬰兒**」對於目標客群而言，應該是最令人開心的利益對吧。其他像是「**不要打擾到遠距工作**」或是「**不要影響到家庭工作**」等也可以寫下來。像這樣可以支撐安靜的事實是「**靜音技術**」。可以靠著專利技術將噪音降低至 40 分貝以下。而四十分貝正好是和圖書館同樣程度的噪音值。

如果要選擇作為第二個利益的話，應該是「**可以安心爬行的地面**」吧。夫妻兩個如果都很忙碌的話，非常能了解因為不可能仔細掃除，所以希望能一次將所有垃圾清掃乾淨的心情。技術面的根據是，以每分鐘可達 10 萬次迴轉的馬達吸進垃圾的空氣吸塵系統。

接著第三個利益是寫下「**可以單手順利輕鬆的動作**」。這就是可以 360 度迴轉的「**平滑滾筒**」所實現的利益。

圖像是描繪在熟睡的嬰兒旁清掃的情境。趁著工作告一段落，嬰兒熟睡時就能完成清掃。可以捕捉到，唯有這台吸塵器才能達到的「令人歡喜的瞬間」。

圖 6-7：吸塵器 Aries 概念表（二）

TARGET | **目標**

有年幼孩子的雙薪夫妻

INSIGHT | **洞察**

雖然想要有強大的馬力，但討厭噪音

CONCEPT | **概念**

讓吸力堪比圖書館等級的安靜。

IMAGE | **圖像**

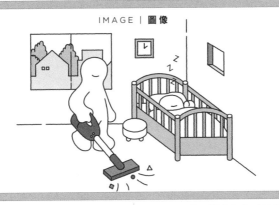

KEY BENEFIT | **關鍵利益**

不會吵醒熟睡中的嬰兒

FACT | **技術・製造方式・材料等的根據**

用靜音技術
專利技術將聲音控制在40分貝以下

SUB BENEFIT | **次要利益**

變成可以安心爬行的地板

FACT | **技術・製造方式・材料等的根據**

空氣吸塵系統
可達10萬次迴轉的馬達吸入垃圾，
達到99%的拾取率

SUB BENEFIT | **次要利益**

可用單手順利輕鬆地行動

FACT | **技術・製造方式・材料等的根據**

搭載可360度迴轉的「平滑滾筒」，
提升機動性與方向變換的功能

OTHERS | **其他**

小作業②：
夜用型優格 Creamy Night

在下一個小作業中，是思考看看關於新款優格的概念。以下文章是根據開發者的說明內容如實紀錄，但似乎尚未將開發的內容進行結構性的整理。請將訪談中聽取的內容，用概念表整理。

新款優格 Creamy Night
商品開發負責人的說明

在新商品 Creamy Night 中，因為加入大量的蘋果、橘子、草莓等國產水果，因此能吃得非常滿足。此外，為了讓優格的味道如同卡士達醬一樣，引進了特別製作方式。吃起來的感覺就像是在吃真正的甜點一樣。另一方面，優格使用低脂牛乳，將糖分減少到最低限度，因此在飽足的同時，也可將卡路里維持在相當低的水準。這種徹底追求最佳品質的態度，堅定地反映在 300 日圓以上的價格設定。

目標客群是 25 到 39 歲之間的女性上班族。根據自行調查的結果顯示，在職場上愈活躍的女性，就愈希望能在一天的結束時好好犒賞自己。我們也理解，由於這些女性擁有很高的健康意識，夜晚吃甜點會有罪惡感。但我們認為，這也是對該款新商品而言的最佳機會。零卡路里的甜點等在市面上已經很常見，但總是會聽到吃起來淡而無味，無法令人滿足的消費者心聲。

另外，根據敝司研發的實驗結果，優格在夜晚食用的話，可以改善早晨便秘的情況。敝司的優格中含有特別的乳酸菌，據悉可在我們睡眠時發揮清理腸內環境的功能。詳細數據將於近期發表。

根據以上的內容，Creamy Night 的概念是改變晨起的夜晚優格。眾所周知，藉由改變腸內環境，不僅具有美容效果，更有加深睡眠深度的功能。

▋ 小作業②的解說

概念表的功能，不只是用於從零開始構思概念的時候。也可用於梳理逐漸成形的想法或是企畫內容。在這個小作業中，為了完成概念表，負責人已經告知所有必要的內容。

首先是找出目標客群與洞察，以及概念。這三點散落在文章中，目標客群是「**25 到 39 歲的女性上班族**」。與洞察相關的，應該能找到兩段敘述。一個是「**在一天結束時希望能犒賞自己**」。另外一個是「**夜晚吃甜食會有罪惡感**」的內容。有罪惡感的原因，可以解讀是因為擁有健康意識，因此主要是在意卡路里。基於上述內容，套用洞察的句型，就會是「**雖然希望能在一天結束時犒賞自己，但又很在意卡路里**」的表現對吧。而概念則是明白寫在最後一行。「**改變晨起的感覺，夜晚的優格**」。

下一個則是鎖定主要的利益。在文中有寫出主要的三個利益。首先第一個是「**令人相當滿足的飽足感**」。而支撐這個利益的事實，是「**大量的國產水果**」以及將優格「**做出如卡士達醬**

般的獨家製法」。

其次是與滿意度有關的，「**低卡路里**」這點是很重要的利益。爲了實現此目的，優格選用的是「**低脂鮮乳**」，並且「**將糖分控制在最低限度**」的製造方式。

第三點是，夜晚積極吃優格的理由，應該可以理解是和「**防止便秘有關**」。關於「**在睡眠時的整腸效果**」，由於已提出獨家證據，因此當成是支撐利益的事實。

圖像欄位畫出的是，晚上穿著睡衣吃著優格，展露一臉幸福模樣的女性。和一般晨起後食用的典型優格呈現對比的畫面。顯示晚上九點的時鐘則是重要的小道具。

已經掌握到如何用一張表彙整的訣竅了嗎？本書所介紹的概念表，是能夠跨界使用的通用內容。但，還是會有難以直接運用的企業或業界型態吧。如果是那樣的情況，請自行增減項目，設計出獨特的概念表吧。但是，請記得盡可能避免變複雜，此外重點在於，能順著項目依序閱讀後，組織成一個完整的故事。

像這樣決定好商品與服務的概念，即將進入開發之前，許多企業開始準備市場調查以確認需求。屆時，接下來要說明的行銷概念就是必要項目。

圖 6-8：優格 Creamy Night 概念表

TARGET｜**目標**	INSIGHT｜**洞察**
25至39歲的女性上班族	雖然想在一天結束時犒賞自己，但很在意熱量。

CONCEPT｜**概念**

改變晨起的感覺，夜晚的優格。

IMAGE｜圖像

KEY BENEFIT｜**關鍵利益**	FACT｜**技術・製造方式・材料等的根據**
令人非常滿足的飽足感	不只是大量的國產水果，還有將優格做成如卡士達醬般的獨家製法。

SUB BENEFIT｜**次要利益**	FACT｜**技術・製造方式・材料等的根據**
低卡路里	低脂鮮乳將糖分控制在最低限度

SUB BENEFIT｜**次要利益**	FACT｜**技術・製造方式・材料等的根據**
有助於預防便祕	根據調查，目標對象希望睡眠時間能夠整腸。透過養成睡前吃優格的習慣，讓早上醒來後的感覺更加清爽。

OTHERS｜**其他**

藉由優格整腸，達到美肌效果，並且改善睡眠品質。

第 6 章 讓概念「最佳化」

6-2

行銷概念

▌撰寫「樣品」

　　一般市場調查的手法，其中一種形式是閱讀概念文章，觀察顧客反應。當然在手邊有樣品的情況下，直接讓顧客實際使用會是更快的方式，但在開發前或是開發中，無法使用這一招。假設就算完成了，像是洗髮精或是機上座位的情況，應該也很難讓許多人當場使用吧。

　　這時，就可採用以概念表爲基礎撰寫的「平易近人的文章」，提供給消費者的方式。這就是所謂的「**可閱讀的樣品**」。通常，是在以少數人爲調查對象的質性調查，以受訪者的反應爲基礎，修正文章，進行定量調查。

　　市場調查中有所謂一長一短。如同第四章也有提到的，不論如何，一般而言都會傾向給有既視感的產品較高的分數，但也是有發生過，實際使用之後不太能眞正了解優點在哪裡的事實。如同智慧型手機在北美市場剛上市的時候，在日本的反應是「爲什麼一定把手機和電腦整合在一起呢？」「不懂這個流行」「好蠢」之類，但後續的發展如各位所知。

　　不得不說，只相信調查結果就判斷一切，是很危險的。然而如果目標明確，有時就能從顧客的觀點避開落入意想不到的

陷阱，或是獲得讓產品變得更好的觀察力，那麼就能成爲有意義的過程。

在撰寫市場行銷概念時，需要注意以下三點：

1 站在顧客的立場撰寫

絕對要避免使用僅在公司內部使用的表現或困難的詞彙

2 不過於講究文案

謹記使用最務實的詞彙傳達內容

3 內容篇幅控制在 200 至 300 字

用不會令人猶豫是否要閱讀的份量彙整

第一點不必多說，但第二點就要注意了。顧客想要確認清楚的，就是商品・服務本身的魅力，而不是文章的魅力。如果超過從顧客立場撰寫的境界，而太過講究文案的呈現，就變得無法給原本想評價的對象適當的評價，這點請務必留意。此外，控制在能讓人無負擔閱讀的字數也是很重要的。

那麼，具體來說應該要用怎樣的結構撰寫文章呢？事實上，基本結構已經透過概念表完成了（圖 6-9）。

圖 6-9：概念一句話和商品名稱

CONCEPT & NAMING

概念一句話+商品名稱

IMAGE

畫出以顧客為中心的圖像

TEXT

洞察
↓
（競爭者分析）
↓
成為關鍵的主要利益／事實
↓
次要利益／事實
↓
次要利益／事實
↓
最後一擊

首先，直接謄寫概念表中使用的圖像和概念。其次，在下方的空位，填入從洞察連結到利益的流程的文章。

　　文章一開始，首先要在「洞察」引起顧客共鳴。根據情況，可以接續寫下觀察到競品或競爭服務的內容「不完善之處」，或是從顧客角度來看被認為「不足」的內容即可。其次，當成針對上述提問的解決方案，需要一併提出有事實根據支持的利益。並且，提及多個次要利益，最後再以連結到概念的「最後一擊」做為結語。

　　將已經製作好概念表的 Perfect Mirror、吸塵器 Aries、優格 Creamy Night 這三項產品試著各寫成一篇文章。案例如下所示，請與自行撰寫的內容一起閱讀後比較看看。若是不擅長的讀者，比起突然就開始思考要如何撰寫文章，不如先參考下方 Perfect Mirror 案例，先分別將各個段落寫成文章後，再思考如何使用自然的方式串聯成完整文章，用這樣的順序進行即可。

Perfect Mirror 案例

洞察

即使有去健身房運動的錢，但沒有時間。

對於忙碌的您，我們提供一款 Perfect Mirror 的產品。

關鍵利益

鏡身與螢幕整合為一體，因此可以從鏡子當中一邊確認自己的姿勢、一邊健身。

次要利益①

本產品提供由 500 位人氣教練所設計，超過 10,000 套課程菜單。讓您 24 小時隨時隨地都能上課。

次要利益②

可遠距與個人教練連線。教練可從相機與動作辨識的系統，提供您適切的建議。

次要利益③

對於不知能否堅持下去而感到不安的您，要不要試試透過手機 App 認識同好。在切磋琢磨的環境中，應該能提升您繼續鍛鍊的動力。

最後一擊

來吧，讓自己的家成為距離最近的健身房。一起展開全新的健康習慣吧。

像這樣拆解之後再撰寫的話，就能寫出邏輯上沒有破綻的整篇文章。同樣的作業也請試著完成吸塵器 Aries 和優格 Creamy Night 的文章。

圖 6-10：從概念到文章　健身鏡 Perfect Mirror 的案例

CONCEPT & NAMING

將你的房間當成健身房。Perfect Mirror

IMAGE

TEXT

即使有去健身房運動的錢，但沒有時間。
我們為忙碌的您，提供一款名為Perfect Mirror的產品。

由於鏡身與螢幕整合為一體，
因此您可從鏡子中一邊觀察自己的姿勢、一邊鍛鍊。

本產品提供500位人氣教練所設計超過10,000套課程菜單。
24小時隨時隨地都能上課。

課程可透過遠距與個人教練連線。
教練可從相機與動作辨識的系統，提供您適切的建議。

對於不知能否堅持下去而感到不安的您，
要不要試著透過手機App認識同好呢？
相互切磋琢磨的環境，應該能提升您繼續鍛鍊的動力。

來吧，讓自己的家成為距離最近的健身房。一起展開全新的健康習慣吧。

圖 6-11：從概念到文章　吸塵器 Aries 的案例

CONCEPT & NAMING

吸地聲堪比圖書館的安靜。Aries

IMAGE

TEXT

對於吸塵器要求的是吸力。但是討厭噪音。
煩惱難以同時解決的情況，已經結束了。

新型吸塵器Aries以Silent Power Techonology
實現吸力堪比圖書館同等的安靜。
就算是睡著的小嬰兒，也不會被吵醒。

當然吸力也是卓越的。
運用Aero vacuum system每分鐘達10萬次迴轉的馬達吸入垃圾，
拾取率達99％。
成為讓人安心爬行的地板。

甚至可以單手順暢輕鬆地行動。
使用360度「平滑滾筒」應該可以讓掃除更輕鬆。

用Aries，讓你的房間更加清潔與安靜。

圖 6-12：從概念到文章 優格 Creamy Night 的案例

夜晚優格，改變晨起的感受。Creamy Night

IMAGE

TEXT

在一天結束時雖然希望犒賞自己，但很在意卡路里。
面對難以兩全而煩惱的您，
提出一款能改變晨起感受的夜晚優格。

Creamy Night是做成像卡士達醬口感般的優格，
盛上大量的國產水果。一定能讓您大飽口福。

但在脂肪與糖分都採取特別製作方法，
相較於高度滿足感，
卡路里則是控制在令人驚豔的低水準。

只要在睡前三小時食用，
就能在您入睡期整腸，讓您迎接舒暢的早晨。

夜晚沉醉的時光，將創造晨起的清爽。
要不要開始培養奢侈又健康的夜間習慣呢？

第6章 讓概念「最佳化」

如果市場調查顯示反應正面，商品‧服務應該就會成功發佈了吧。屆時可以再對廣告概念進行調查。基本的架構雖然不變，但是在進行廣告調查時，吸睛的文案和視覺圖像、廣告的故事分鏡會成為問題。因此請務必意識到每個用字遣詞，都會成為評論的對象。

6 - 3

價值：凝聚組織的行動原則

▌ 打倒惡鬼的使命（mission）‧願景（vision）‧價值（value）

用一張紙敘述商品開發，讓行銷變成一篇文章。本書至今說明了如何將概念變成最佳化的方式，以及具體化的流程。在本章，將思考另一個關於「價值」的部分。所謂價值，意思是「組織共享的價值觀與行動原則」。是每個公司員工或是團隊成員都應該牢記、理解，並能當成每日判斷或採取行動基準的詞彙。以形式來說，最佳解是「簡短且印象深刻的多個片語」。

圖 6-13：桃太郎與使命、願景、價值（MVV）

① MISSION

守護村莊的和平與安全

③ VALUES

‧可以讓絕技更加成長。
‧讓人擁有將不擅長的部分託付給他人的勇氣。
‧個人都是為了全體

② VISION

擊敗惡鬼，
消除每個人的憂慮

CONCEPT

化分歧為力量

圖 6-13 是以第四章提到的桃太郎故事架構，加上價值所做成的。為了達成擊退惡鬼，消除人們憂心的願景，概念也制定成「化分歧為力量」。也因此展現出，為了擊敗擁有不同層級力量的鬼，需要集結各有長處的戰士，以團隊力量戰鬥的意義。

但是，假設各位是猴或是狗該怎麼辦呢？只是「化分歧為力量」，應該無法理解具體來說，每天應該如何度過吧？於是，這裡需要的是，反映**每個人應該思考什麼，應該採取什麼行動的價值**。

桃太郎一行人是否已討論過願景與價值並不清楚。但是，如果能夠將之轉換成詞彙，應該是透過以下三種價值表現的行動原則吧？首先第一點，每個人「**讓自己的絕技更加強化**」。這裡推薦的是，讓狗磨練自身的武器，猴精煉自身的長處。然後第二點，我想要舉出的是，「**將不擅長的事情託付給他人的勇氣**」。清楚知道、承認自己的弱點，並且託付給同伴。如果能做到這一點，就是第一次，創造出能各自活用自身強項的環境。奠基於上述兩個前提，最後的必要條件是，擁有「**每個人都是為了全體**」的意識。

和惡鬼的最終決戰，就是這三項價值得以實現的時刻。狗緊咬惡鬼的腳，雉雞啄傷鬼的眼睛，猴子抓傷鬼的身體，最後由桃太郎將惡鬼丟飛出去。每個人都為了團隊捨身使出自己的絕技，漂亮地「化分歧為力量」進而獲得勝利。

▌價值的條件

能成為敘述價值的詞彙，有三個條件：

條件一　簡潔

不冗言贅詞，使用最少的文字數彙整內容。

條件二　明確

盡其所能寫出具體的內容。

條件三　好記

注重押韻與韻律，以易讀好記的方式書寫。

例如 Mericari 就是使用以下的三行文字表現價值。簡單明確又有很節奏感對嗎？

Go Bold：大膽去做

All for One：一切都是為了成功

Be Professional：成為專業人士

經營計程車叫車軟體的 GO 株式會社，揭示公司的使命是「透過移動讓人變得幸福」，以及「創造一個讓所有人事物能毫無壓力地移動的社會」的願景，並以汽車的四輪來比喻如何實現使命與願景的價值，對外公開 4 WHEELS 的意義。

- **思考兼顧各方利益。**
- **朝向目標全力奔馳。**
- **共同奮鬥是最佳燃料。**
- **挑戰與獲利是引擎。**

不僅順序是以「方向」、「奔馳」、「燃料」、「引擎」，內容本身也和汽車的比喻相連結。像這樣讓價值同伴產生連結，也

是讓人容更易理解的心思之一。

建立價值的三個步驟

接著，來說明如何建立價值的順序吧。概念大致上會經歷過這樣一段，由一個人創造，眾人琢磨的過程，但是價值選擇關係到與全體員工日常生活，通常從最初到最後的整個過程，會傾向採取透過工作坊或是團隊工作的形式進行。這時一般會分成①發掘→②篩選→③措詞三個階段進行。

圖 6-14 是彙整建立價值三步驟的內容。首先，一開始先從位於表單左側的①發掘開始。當成價值，先篩選出應該轉化為語言的行動或思考方式。這時的重點分為，今後「應保留的行動」與「應改變的行動」來描述。

圖 6-14：建立價值三步驟

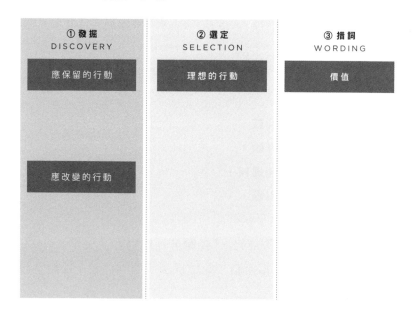

接著在②**篩選**階段，「應保留的行動」就保持原樣，在「應改變的行動」則是改寫成位於中央列的理想行動。下一步則是對照願景或是使命，在考量到彼此的關聯性之際再進一步聚焦。要是寫太多，根本無法吸收。因此通常最多就彙整成八個詞彙。

最後在③**措詞**的階段，意識著簡單明確好記的三個條件完成詞彙。

價值制定專案的進行方式

我們設定的場景是，確立一家虛構證券公司「芝山證券」的價值，來確認每個條件的具體制定流程吧。

芝山證券是擁有長年歷史的老字號證券公司，也因此企業體質相當老舊，存在著官僚氣息重，缺乏敏捷因應的課題。放眼全世界，使用金融科技等進行新型態投資服務推陳出新。芝山證券不願受傳統所限而故步自封，開始為轉型成現代證券公司而努力。其中一個就是企業文化的變革。芝山證券成立跨部門的專案團隊，著手進行重塑企業價值的專案。

價值的「發掘」：
應保留的與應改變的

團隊首先從「應保留的行動」開始討論。芝山證券的員工從創立至今，一向以「顧客第一」的思維為傲。公司上下皆認為，不論在任何時代「**顧客第一的立場**」是絕對不可改變的鐵律。此外，也有意見認為，正因為交易模式轉型為數位化的時代，更應該「**花時間建立信賴基礎**」，或親自前往第一線或客戶

圖 6-15：建立價值三步驟：①發掘

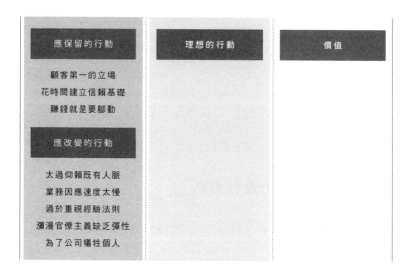

應保留的行動	理想的行動	價 值
顧客第一的立場		
花時間建立信賴基礎		
賺錢就是要腳勤		
應改變的行動		
太過仰賴既有人脈		
業務因應速度太慢		
過於重視經驗法則		
瀰漫官僚主義缺乏彈性		
為了公司犧牲個人		

公司拜訪，「**賺錢就要腳勤**」才能創造價值，不是嗎？

下一個要討論的是，「應該改變的行動」。這次的討論非常熱烈，最終收斂聚焦成五個重點。首先是「**太過依賴既有人脈**」。這一點是大家一致認爲最應優先改變的項目。接著「**業務因應速度太慢**」、「**過於重視經驗法則**」、「**官僚主義缺乏彈性**」的文化，或是爲了公司整體「**犧牲個人**」的氛圍，也列爲應該改變的項目。這樣討論下來的結果，最終彙整成如圖 6-15。

價值的「選定」：
選擇可連結到未來的行動

下一個「應該改變」的行動，要改寫成「理想的行動」。「太過依賴既有人脈」的內容，改寫成「**充分利用數據**」這樣的行動。同樣的「因應速度太慢」的問題點，改寫成「**如同新創**

企業般的速度因應」,「爲了公司犠牲個人」則是改寫成「**先讓自己感到快樂**」,將每個應改善的問題點,改寫成明確想達成的理想目標。

圖 6-16:建立價值三步驟:②篩選

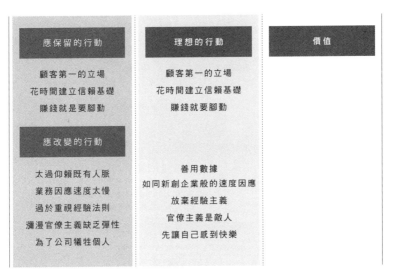

現在,如圖 6-16 的中間欄位,已經羅列出所有被視爲理想的行動。一旦確認好需要討論的內容並列出所有項目後,就開始展開選定作業了。芝山證券爲了蛻變成現代化證券公司,眞正必要的行動或思維是什麼呢?

在檢視這八個項目之後,團隊注意到在傳統思維與新思維間發生了對立。特別是在「花費時間建立信賴關係」與「賺錢就是腳勤」,似乎被過去的成功經驗牽絆所導致。每個客戶所希望的應對方式不同,可能有些客戶認爲面對面對話很麻煩也說不定,或許不需要長期經營的關係等。這和用雙腳勤跑第一線,或是花費時間打好關係的「顧客第一」的思維有產生矛盾

的可能性。結果，專案團隊決定刪除這兩個行動。

團隊發現的另外一個問題是，「經驗主義」與「官僚主義」兩個類似的詞彙並列。團隊討論決定哪一個才是更根本且重要的詞彙。結果，團隊做出的判斷是，比起官僚組織結構本身，問題在於「不認同沒有前例可循的新價值觀」，因此決定在應該採取的行動中，保留「放棄經驗主義」。

就這樣，團隊最終採用的是**顧客第一、善用數據、如同新創企業般的速度因應、放棄經驗主義、先讓自己感到快樂。**

價值的「措辭」
簡潔明確且好記

最後，是精煉出能讓人印象深刻詞彙的作業。請活用在第五章學到的，如何精簡成一句話的詞彙技巧來因應。

1. 顧客第一

雖然意義是正確的，但這就是隨處可見的用語。專案團隊參考芝山證券前任社長「比起社長，顧客更偉大」的發言，改寫成**「比起社長，顧客才是最優先」**的句子（比較強調法）。像這樣在組織中，當成名言或是格言流傳，或是找出能當成口頭禪的詞彙等作法，在價值的制定上相當有效。

2. 善用數據

從仰賴既有人脈的做法，轉型為活用數據的商業模式。在這情況下，將人脈當成比較對象的對照組，應該更能明確傳達變化的方向為何吧？如果善用比較強調法，就會以**「比起人脈，應該善用的是數據」**來表現。

3. 如同新創企業般的速度因應

成為一家重視速度更勝於規模的組織。因為已經使用以新創企業比喻的暗喻法，理想狀態很明確。因此就保留原本的文字當成最終版即可。

4. 放棄經驗主義

如果使用矛盾法，應該能創造出一個更強烈的印象。由於「沒有前例」所以「放棄」，假設過去這兩個是理所當然的詞組，那麼因為「沒有前例」所以「才更要嘗試」的組合，應該是更符合公司想要達成的方向的詞彙吧。因此最後完成的詞彙是「『沒有前例』才是挑戰的理由」。

5. 先讓自己感到快樂

這和列為第一點的「顧客第一」，在思維與概念上有所矛盾。因此在用詞上花比較多功夫，最後是以「**成為讓顧客和自己都有滿足感的工作**」來表現。價值的組成，並不是將每個詞彙獨立出來思考，也要確認詞彙之間是否相互矛盾，並列之際是否會造成混淆，甚至有必要重新修改整體概念。

圖 6-17：建立價值三步驟：③措詞

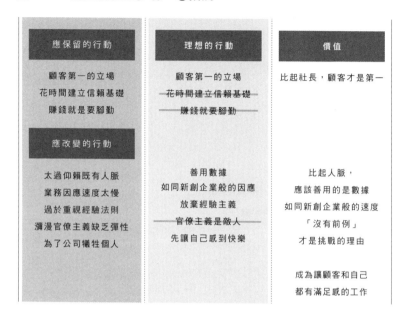

以上，是透過虛構的企業芝山證券的案例，說明關於制定價值的過程。關於價值，最終定稿的詞彙選擇固然很重要，但在取捨選擇的過程中也有相當重要的意義。選擇了什麼，捨棄了什麼。在討論的時候，個人的價值觀會因此更加顯現。或許會有意見上的對立。但是健全的衝突才是創造企業人格與文化的基石。請不要害怕發生衝突，藉此孕育全新的價值觀吧。

▍如何運用 MVV 與 MVC

本書分別用第四章說明使命（Mission）・願景（Vision）・**概念**（Concept）組成的 MVC 公式，以及在本章說明使命・願景・**價值**（Value）組成的 MVV 公式。不論是哪一個，基本的

故事結構都是相同的。這部分，似乎在實際應用經常會引起混亂的樣子，因為我常常收到關於「這兩個究竟應該要怎麼運用呢？」的詢問。

從結論而言，**想要創造出什麼時，要思考的是如何落實到概念中的 MVC。如果是想要凝聚，或改變組織行動時，就要思考如何活用連結到價值的 MVV。**

這裡再重新解說價值與概念的不同吧。你所屬的公司・組織・品牌在面對「相信什麼採取什麼行動呢？」的問題時所提出的回答，就是價值。可以代換成行動原則或是行動方針。另一方面，面對「今後想要創造什麼呢？」的問題時所提出的回答，就是「概念」。

星巴克的概念是「第三空間」，星巴克公開實現這個理想所採取的行動指針，是「由衷地相互認同，打造一個不論是誰都能感受到這是自己歸宿的文化。」以及「提起勇氣採取行動，不滿足於現狀，不斷追求新方式。為了星巴克與我們自身的成長。」的價值。

決定「要創造什麼」的是 MVC，制定「應該如何行動」的是 MVV。各位讀者可以試著配合不同的情境，靈活運用這兩個公式。

☑ 用「一張紙」彙整產品的開發概念

· 洞察・概念・利益是基本框架。

· 草圖不是以「物」而是以「人」為中心來繪製。

· 利益與事實以配對的方式條列。

☑ 以「一句話」彙整行銷概念

· 從顧客（user）立場來書寫。避免只在公司內部通用的表現，或是艱澀的詞彙。

· 不要過於講究文案。謹記使用功能型用詞。

· 文案收斂在 200 至 300 字內。精煉成讓讀者不會感到負擔的字數。

☑ 以數行的「文案集」彙整價值

· 簡潔：不冗言贅詞，使用最少的文字數彙整內容吧。

· 明確：盡可能寫出具體的內容。

· 好記：書寫時重視押韻或節奏感使其易讀、好記。

☑ MVC 和 MVV 的靈活運用

· 要創造出什麼的時候，活用落實到概念的 MVC。

· 想要管理組織行動的時候，活用可連結到價值的 MVV。

以下列舉課程中常見問題，並提供解答，以強化理解。

Q1 目的（purpose）與願景（vision）哪裡不同呢？
Q2 使命（mission）與經營理念有什麼不同呢？
Q3 在重視數字的企業中概念要怎麼發揮功用呢？
Q4 品牌、商品、溝通。各自的概念有什麼不同呢？
Q5 概念是個人書寫還是團隊書寫出來的呢？
Q6 有沒有讓概念建構變得更純熟的訓練呢？

由於這些都不是能直接提出正確解答的單純提問，因此對於我的回答也可能會有不同意見吧。為了強化討論內容，在此我會以「盡可能明確表達自己的思考過程」進行回答。

Q1 最近常看到「目的」（purpose）這個詞彙，和願景（vision）有何不同呢？

▍ 從根本來說，為什麼企業會認為目的是必要的呢？

目的這個詞彙，大概是到 2010 年代中期開始，企業才頻繁使用。日本則是在 2019 年的《鑽石哈佛商業評論》（*Diamond Havard Business Review*）推出目的相關特集之後，開始在日本

成為日常生活中使用的詞彙。筆者還記得，大概是在 2021 年 4 月線上舉辦的 Advertising Week Asia 研討會中，曾針對「目的」（purpose）帶給日本企業溝通上的功與過為主題進行討論。2019 年迎來流行高峰的詞彙，在 2021 年則是以回顧歷史般程度的冷卻，也許，這也可以說是已經扎根在生活中了。

那麼，這個目的，和過去長久以來存在的願景有什麼不同呢？為了理解新詞彙，有必要從「意義」和「脈絡」兩個面向來思考。

首先是意義。至今雖然已經有許多定義，但結果顯示，能簡單理解成是企業或組織的「存在意義」似乎是比較貼切的。前述提到的《鑽石哈佛商業評論》在特集的副標題寫著「**公司是為了什麼而存在？你是為了什麼在那裡工作呢？**」回答這個問題本身，正是思考目的這個意義所在。概念和本書所定義的使命極為相近。

也有人指出，目的是利他性的，而願景或使命則是利己性的。對我來說恐怕是難以認同的。早在目的這個詞彙誕生之前，創業家就提出公益性志向當成願景或是使命。將公共性或是社會性當成是「目的」的專利，再怎麼說都太吹捧這個流行詞彙了吧。

那麼為什麼「目的」又再度受人推崇呢？要理解這原因，就必須將焦點放在這個詞彙所使用的脈絡。

不論是在日本還是歐美，幾乎都是大企業偏好使用「目的」這個詞彙。金融海嘯之後的 2010 年代，是全世界大企業紛紛採取大規模裁員的時期。互聯網（IoT，物體也能連網）出現。利用大量數據讓業務發展達到最佳化。汽車產業從石油動力轉變為以電力驅動的趨勢。企業透過數位變革過程是邁向

2020 年的主要潮流，而 COVID-19 則是一口氣加速變革。在這過程中，多數大企業選擇結束賠錢的事業，另一方面，也積極進行購併（M&A）。回過頭來，其實許多老店企業為了配合數位時代的來臨，早已大幅改變原有的事業模式。

在市場，唯有取得勝利的事業才能存活的結果，是因為在財務面更有實力也說不定。但是「我們是在做什麼的公司呢？」愈來愈多公司陷入難以說明自身的定位的危機。現在，我們能對於眼前所看到的事業構造賦予什麼意義呢？對於這個問題的認知，就連結到了「目的」這個詞彙。

找到目標的星星，是願景（vision）。
決定根植於大地的，是目的（purpose）。

根據這樣的文章脈絡比較願景和目的的結果，請見圖 A。

圖 A：比一比！願景和目的

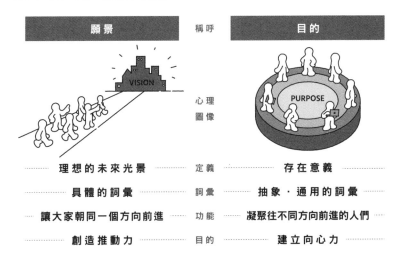

願 景	稱呼	目 的
理想的未來光景	定義	存在意義
具體的詞彙	詞彙	抽象・通用的詞彙
讓大家朝同一個方向前進	功能	凝聚往不同方向前進的人們
創造推動力	目的	建立向心力

願景是用「具體詞彙」展示「理想的未來風景」,「讓大家都朝同一個方向」前進。如果是新創企業應該就比較容易了解。另一方面,以目標爲前提的話,是「大家都往不同的方向前進」的狀態。請想像不斷進行購併的大企業。已經愈來愈難以只用一張未來藍圖就涵蓋所有的事業。即使想要達成的未來不相同,但使用「通用性詞彙」表現共同基礎的「存在意義」,就能凝聚整個組織。

如果硬要勉強彙整,可以說願景是「找到目標星星,創造推進動力」,而目標應該是「決定應該在哪裡扎根,建立向心力」吧。

但是各位讀者,請不要因爲定義不同而困惑,希望你思考的是「公司是爲了什麼而存在?而你又是爲了什麼在那裡工作呢?」這個問題,並能帶著自信回答。

索尼集團(Sony Group)在 2019 年 1 月發表的目的(purpose)「用創意與科技力,讓全世界用充滿感動」就是一個很好的案例。從創業至今的祖業「家用電子產品」拓寬至遊戲、電影、金融領域,賦予在全球擁有十一萬名從業人員的巨大集團,一個明確的存在意義。在本書的定義中,雖然是發揮使命(mission)功能的詞彙,但能讓橫跨不同領域的事業群漂亮地凝聚成一體,使其昇華成更具有索尼的特色呢。

Q 2	敝公司雖然沒有明確提出使命(mission),但是有經營理念。使命和理念有什麼不同呢?

難怪會覺得混亂。因爲在實際的商業情境中,都是在沒有

明確分界線的情況下直接使用。說白了就是一團亂。在這裡先說明原理定義的不同。

在本書中，將使命定義為「組織持續擔負的社會使命」。關於使命，則是以「核心業務」所實踐的社會意義來說明。另一方面，一般而言，經營理念是「展現經營者的信念或價值觀的內涵」。和被定位為核心業務的使命不同，所謂經營理念，是和「經營者」或「經營風格」綁在一起的。

假設經營者主張「日行一善」的方針吧。不論是撿垃圾，還是對高齡者伸出援手，呼籲大家每天做一件會讓人感謝的事情。或許是崇高的「經營理念」。因為這表現出經營者的信念也是價值觀的體現。但是這並不能稱之為「使命」。撿垃圾或是助人，和核心業務是完全不相干的行為。

此外，這個經營者在經營其他企業時，應該也會提倡「日行一善」。即使是「讓心中的小宇宙燃燒吧」也好，還是「讓全體員工變得幸福」也好。所謂經營理念，就是可以當成經營風格移植到其他企業的意思。但是使命並不能如此。由於和核心業務深度連結，因此如果要在核心事業完全不同的企業中使用，也毫無意義。

整理如下：

- 經營理念是闡述經營者的**價值觀**，使命則是說明企業**存在的理由**。
- 經營理念即使**和核心業務無關**也能成立，但使命是只要**去除核心業務**就無法論述。
- 經營理念是源自於**經營者的哲學**，使命則是該企業的**歷史根源**。

儘管如此，經營理念這個詞彙還是很被泛地應用。很多時候，和使命相同的內涵被解讀成是經營理念。姑且不論名稱，唯須謹記在心的是，能讓員工接受的企業「社會使命」才是建立概念的根據之一。

Q3 在我所屬的企業中，是用數值目標（KPI）來管理品牌的。雖然沒有思考概念或願景的文但這真的是必要的嗎？要怎麼樣才能融入已經轉化為詞彙的流程中呢？

▌ 將數字翻譯成詞彙

數值目標與概念，原本就應該以配套的方式考量。數值目標雖然能表現理想的「狀態」，但是無法描述「行動」。例如，即使公開說目標是「讓市占率成長 30%」，但光是這樣，只是單純的精神論而已吧。為了要讓市占率提升 30%。應該要採取什麼樣的行動，應該要推廣什麼價值，對於實踐而言，概念，也就是詞彙目標，應該是必要的（圖 B）。

如果是以數字為主體思考的企業，比較好的做法是，導入將數字翻譯成詞彙的習慣。例如，假設情境是高級日式料理老店挑戰新的營運模式。原本每日限定接待 10 組客人，價格設定在頂級區間，維持客人極高的滿意度。現在這家老店在採用新營運模式的情況下，大幅轉變方針，打算鎖定更年輕的世代來消費。主要 KPI（關鍵業績評價指標）則是公布三項：①高

圖 B：比一比！數值目標（TO BE）和詞彙目標（TO DO）

數值目標（TO BE）	詞彙目標（TO DO）
・ 業界第一 ⟶	?
・ 提升到營業收入3000億日圓　利益率40% ⟶	?
・ 顧客滿意度　業界第一 ⟶	?
・ V型復甦 ⟶	?
・ 成為世界代表性的XX ⟶	?

翻桌率（每天 5 次）；②不輸給居酒屋的價格競爭力（客單價3000 日圓）；③提供與高級料理同等水準的顧客滿意度（滿意度得分 3.8）。不論哪一項都是相當完美的數字。但是，如果從頭到尾只盯著數值看，會讓人看不出具體應該開發什麼樣的營運模式。

　　因此有必要將數值目標轉譯為詞彙目標。應該可以將「每天 5 次翻桌率」改成「只要 1 小時就能滿足」來表達吧？「客單價 3000 日圓」則是以「用居酒屋的價格品嘗高級日本料理」來詮釋，至於「滿意度得分 3.8」則是改成「每次光顧都有驚喜」。像這樣，**將原本只是自己公司內部想要達到的數字，重新解讀為變成顧客的欣喜體驗**。只要 1 小時就能滿足，還是用居酒屋的價格，營運模式應該是「站立式」。在這裡運用變革敘述法的話，就會寫成**「用休閒的站立式享受道地的日本料理」**，似乎就形成整合全體的概念了。新營運模式的樣貌，就逐漸清晰起來了（圖 C）。

圖C：比一比！數值目標和詞彙目標案例

數值目標	詞彙目標
・ 每日5次翻桌率 ⟶	只要1小時就能滿足
・ 客單價3000日圓 ⟶	用居酒屋的價格品嘗高級日本料理
・ 滿意度得分3.8 ⟶	每次光顧都有驚喜

用休閒的站立式，享受道地的日本料理

　　提問者出身的企業，恐怕是處於極為穩定的發展狀態吧。如果一個品牌長年累月，只重複使用同一套勝利方程式，或許只要透過數字就能傳達行動方針。一旦企業開始出現經營受挫的情況，就有可能面臨看不清品牌本質，而逐漸失去提出解決對策的風險。正因為是在事業發展階段，重新審視商品價值並思考概念，也是一種因應方式，不是嗎？

Q4　我從事的是行銷工作。所有層級都提出「概念」引起混淆。品牌概念、商品概念、溝通概念，這各自的不同究竟是什麼呢？

　　世界上雖然有各式各樣的「概念」，但原理原則是一樣的。對於創作者而言，概念是「價值的設計圖」。但是，同樣的「設計圖」也會隨著商業情境不同，所要求的性質也會逐漸改變。在本篇中未能充分說明細微的差異，因此在這裡補充。

在確認所要求的概念性質時，需要考量兩個變數，分別是「耐用年數」和「適用範圍」。

請看圖 D。橫軸標記為概念的耐用年數，縱軸則是標記為概念的適用範圍。在三者之中，品牌概念的耐用年數是最長的，且適用範圍也是最廣的。溝通概念則是以最小的圓表現。

圓愈大就愈能涵蓋更多元的領域，並具有可長期使用的通用性。相對的，圓的範圍愈小，愈是需要能夠聚焦的詞彙。在理解這個通用法則之後，再針對個別概念，更進一步深入思考看看。

圖 D：比一比！品牌概念、商品概念、溝通概念

▌品牌概念是「和顧客的約定」

品牌概念通常是以數十年單位來使用。還有商品、服務、門市、網站、接待，必須匯集所有要素。也因此，品牌概念必須是三項概念中掌握最普遍性的內容。品牌概念就是所謂「**和顧客的約定**」。不論何時，在何處，直到永遠，要求的是永久守護同一價值的覺悟。以下是摘錄自本書所列舉的代表性品牌概念。

▌產品概念是「顧客埋單的真正理由」

再深入產品概念來說明，就是讓「**顧客之所以埋單的真正理由**」變得明確的詞彙。當產品與服務的區隔愈來愈模糊的現代，要確認顧客真正埋單的理由變得愈來愈困難。

曾經，建築機械業者的商業模式就是單純地出售機械就結束了。當然是有售後服務的種類，但顧客和業者之間關聯性的高峰，就僅發生在買賣關係成立的瞬間。但是現在這個時代，反倒是在賣出產品之後，業者與顧客的關係才真正開始。建築機械可全部連上網路，業者可從工地現場確認機械有無被偷竊、是否故障等，也可針對產線運作情況到提升生產力給予建議。產品與服務事實上已經融為一體。顧客在購買最先進建築機械的理由，可能是想「提升現場生產力」，也有可能是「不會被偷的安心感」。

商品服務化的現象，發生在汽車、家電、跑鞋、運動衣、飲料等所有業界。發現事物之間連結的新意義，在今後更顯得重要。

本書所列舉的概念，並不單只是說明商品或介紹規格，而是能精準掌握到顧客埋單的根本原因。這裡再舉一個例子。

亞馬遜‧Kindle「讓全世界的書籍 60 秒內就能買到」、索尼「放入口袋的廣播」、三得利‧BOSS「勞動者的夥伴」、蘋果 iPod 的「將 1000 首歌曲裝入口袋」，華歌爾「讓胸型看起來變小的內衣」、GU「可以奔跑的包頭高跟鞋」、AOKI 的「睡衣西裝」、任天堂 Wii「奪回與家人相聚的時光」、風倍清「清洗無法清洗的東西」和 JINS「適合視力絕佳者的眼鏡」。

▌ 溝通概念「如何改變顧客的認知？」

溝通概念，是三個概念中「耐用年限」相當短暫，且「適用範圍」也有限。正因如此，溝通概念追求的是，可以用「重點」達成發生在每個瞬間的課題的概念。

三得利的罐裝咖啡 BOSS，是「勞動者的夥伴」，這樣的商品概念，自 1990 年代起就未曾改變。另一方面，溝通概念會因應每個時代的社會背景或是勞動者的狀況變化而產生變化。有的時候是激勵，有的時候是一起感嘆，有的時候是闡述希望，在語法變化的同時，經常保持當成夥伴的一定程度的「距離感」。溝通概念要求的是可以彈性因應。

另外一點，在溝通概念中最重要的，是超越「能傳達什麼訊息」，明確做到「**應該如何改變顧客認知呢？**」的程度。請回想一下從開特力的宣傳中產生出的 ON ＜ IN 概念。當成目標客群的社團學生，原本並不相信開特力這項商品。願意花大錢購買強調機能性的運動衣、運動鞋和裝備，但對於吃的和喝的毫不講究。這就是開特力發現應該要改變的認知。想改變誰的認

知，如何改變呢？沒有答案的溝通概念，不可能成為設計圖。

上述內容，就是關於三種概念不同之處的說明。概念能使用到多久？能達到多廣泛地應用呢？在撰寫概念時，請先確認這點。

Q5　概念是由個人撰寫的嗎？還是在工作坊之類的場合，以團隊合作的方式撰寫比較適當呢？

工作坊的好處大致上有兩點。首先，**是能找出只有一個人的時候絕對想不到的觀點**。一個人一旦開始撰寫，最多就是提出自身對於問題的認知或表現，書寫出來而已。這一點，可以透過團隊合作，獲得意想不到的意見或是不同的主張，可藉此拓展視野。

另外一個好處是，**能一起分享過程**。對於概念的提案，總是會有來自多方利害關係者，從各種不同面向表達自身意見。要是想因應所有意見，概念建構就無法前進。關於這一點，最一開始就以工作坊的形式，將所有利害關係者拉入參與的話，會比較容易達成共識。

但是，工作坊並不是只有好處而已。要是引導者無法高明地指揮現場進行討論，可能會出現，**團隊討論後所產生的結論一如預期，四平八穩的課題**。在收斂「各位」的意見時，概念變得圓融，雖然誰也不會反對，但同時誰也不會猛烈地追根究柢，多半在最後只能做出不痛不癢的結論。為了寫出有意義的概念，必須保留能讓個人仔細斟酌的時間。

如果在時間和資源方面充裕的情況下，建議是結合個人作業和團體合作共同進行。例如，透過工作坊相互提出可做成概念的材料，並將之當成啟發個人靈感的來源，書寫之後，再和團隊分享。如此一來應該就能結合兩種模式的優點吧。

Q6　有沒有讓概念書寫的技巧變得更純熟的訓練呢？

▌解構（deconstruction）：將現實分解成概念

概念建構是詞彙的組裝技術。在學習組裝方法時，學習如何分解的做法是有效的。將已經成形的東西分解成一個個的概念，使其回到計畫最原始的雛型狀態，就稱為**解構**。

生活周遭的新商品或是引發話題的服務、暢銷電影或戲劇、音樂等等都可以。如此成功的商品，當初是以怎樣的概念進行提案的？試著解題看看。此時，在第四章介紹的，金字塔型模式就能發揮作用。掌握到了什麼樣的洞察呢？突破了什麼在競爭上的弱點呢？為何非得是那家公司不可呢？未來思考的是什麼樣的願景呢？以金字塔結構為參考，分解成六個組成部分（顧客洞察、競爭者、企業、概念、使命、願景）的話，再試著將之組合成一個故事。就像商品的負責人一樣，能說得出一個故事就成功了。

▌擅自重新設計：從概念開始重做一次

　　解構出色的商品和服務是相當常見的作爲。相對來說，如果是以感覺馬馬虎虎的商品爲題材，思考如何使其變得更好的方法，則是重新設計（redesigning）。和解構一樣，分解成由六大區塊所形成的金字塔。在分解後，在哪裡出了問題呢？是否搞錯掌握洞察的方法呢？是否錯估了競爭者呢？概念上是否存在破綻呢？願景是明確的嗎？找出缺點之後，再改寫成符合心中所期望的，並考慮如何在此基礎上重新設計商品和服務。

▌建立自己專屬的詞庫

　　如果將概念建構當成是一項特技，平日就養成蒐集各種詞彙用法應該是最好的方式。小說中出乎意料的表現。覺得有趣的命名。雜誌封面吸睛的標題。在這到處充斥著詞彙表現的時代中，會讓手指或視線不自覺停留的詞彙，一定有什麼特別之處。像那樣累積而成的詞庫，就會成爲你自己的財產。但是，並不是直接使用蒐集起來的詞彙。請將目的當成是，想起當時看到這個詞彙帶給自己的「讀後感」。瞬間就能傳達圖像的詞彙，或是緊緊揪住內心引起共鳴的詞彙。這些蒐集起來的詞彙，應該能成爲思考概念時的指引才對。

- 《追尋意義：開啓創新的下一個階段》（*Overcrowded: Designing Meaningful Products in a World Awash with Ideas*），羅伯托‧維甘提（Roberto Verganti）著，繁體中文版由行人出版。日文譯本『突破するデザイン　あふれるビジョンから最高のヒットをつくる』，安西洋之監修，八重樫文審訂，立命館大學經營學部設計管理實驗室（Design Management Lab，DML）譯，日經 BP 出版，2017 年

- 《設計力創新》（*Design-Driven Innovation:Changing the rules of competition by radically innovating what things mean*），羅伯托‧維甘提（Roberto Verganti）著，繁體中文版由馬可孛羅出版。日文譯本『デザイン・ドリブン・イノベーション』，佐藤典司監修，岩谷昌樹、八重樫文審訂，立命館大學經營學部設計管理實驗室譯，Crossmedia Publishing 出版，2016 年

- 《Airbnb 物語》（暫譯，原書名 *The Airbnb Story: How Three Ordinary Guys Disrupted an Industry, Made Billions... and Created Plenty of Controversy*），莉‧蓋勒格（Leigh Gallagher）著。日文譯本『Airbnb Story 大胆なアイデアを生み、困難を乗り越え、超人気サービスをつくる方法』，關美和譯，日經 BP，2017 年

- 《星巴克成功故事》（暫譯，原書名 *Pour Your Heart Into It: How Starbucks Built a Company One Cup at a Time*），霍華‧舒茲（Howard Schultz）、鍾德瑞（Dori Jones Yang）合著。日文譯本『スターバックス成功物語』，小幡照雄、大川修二合譯，日經 BP，1998 年

- 《著迷》（暫譯，原書名 *Obsessed: Building a Brand People Love from Day One*），艾蜜莉‧海沃德（Emily Heyward）著，Portfolio，2020 年

- 《如常創新》（暫譯，原書名 *Innovation as Usual: How to Help Your People Bring Great Ideas to Life*），派帝‧米勒（Paddy Miller）、湯馬斯‧維戴爾—維德斯伯（Thomas Wedell-Wedellsborg）合著。日文譯本『イノベーションは日々の仕事のなかに　価値ある変化のしかけ方』，平林祥譯，英治出版，2014 年

- 《水平思考的世界》（暫譯，原書名 *New Think*），愛德華‧狄波諾（Edward de Bono）著。日文譯本『水平思考の世界　電算機時代の創造的思考法』，白井實譯，講談社出版，1971 年

- 《沒有想法的行動？》（暫譯，原書名 *Thoughtless Acts?: Observations on Intuitive Design*），珍‧富爾頓‧蘇里（Jane Fulton Suri）、IDEO 合著。日文譯本『考えなしの行動？』，森博嗣譯，太田出版，2009 年

- 《顧客如何思考？》（暫譯，原書名 *How Customers Think: Essential Insights into the Mind of the Market*），傑若德‧查爾曼（Gerald Zaltman）著，Harvard Business Review Press 出版，2003 年

- 《創意提問力》（暫譯，原書名 *Questions Are the Answer: A Breakthrough Approach to Your Most Vexing Problems at Work and in Life*），赫爾‧葛瑞格森（Hal Gregersen）著。日文譯本『問いこそが答えだ　正しく問う力が仕事と人生の視界を開く』，黑輪篤嗣譯，光文社出版，2020 年

- 《美麗的限制：爲何嶄新的商業想像，常來自匱乏的條件下？》（*A Beautiful*

Constraint: How To Transform Your Limitations Into Advantages, and Why It's Everyone's Business），亞當・摩根（Adam Morgan）、馬克・巴登（Mark Barden）合著，繁體中文版由大寫出版。日文譯本『逆転の生み出し方』，文響社編輯部譯，文響社出版，2018 年

- 《賈伯斯傳》（*Steve Jobs*），華特・艾薩克森（Walter Isaacson）著，繁體中文版由天下文化出版。日文譯本『スティーブ・ジョブズ I・II』，井口耕二譯，講談社出版，2011 年

- 《創造與漫想：亞馬遜創辦人貝佐斯親述，從成長到網路巨擘的選擇、經營與夢想【《賈伯斯傳》作者艾薩克森 Walter Isaacson 導讀》】》（*Invent and Wander: The Collected Writings of Jeff Bezos, With an Introduction by Walter Isaacson*），繁體中文版由天下雜誌出版。日文譯本『Invent and Wander　ジェフ・ベゾス　Collected Writings』，關美和譯，Diamond 社，2021 年

- 《史蒂芬・賈伯斯語錄：轉動世界的 142 句名言》（暫譯，原書名『スティーブ・ジョブズ全発言　世界を動かした 142 の言葉』），桑原晃彌著，PHP 研究所出版，2011 年

- 《伊隆・馬斯克語錄》（暫譯，原書名『イーロン・マスクの言葉』），桑原晃彌著，Kizuna 出版，2018 年

- 《詞彙建構未來：一句話突破現狀的策略》（暫譯，原書名『未来は言葉でつくられる　突破する 1 行の戦略』），細田高廣著，Diamond 社出版，2013 年

- 《一句話，解決。》（暫譯，原書名『解決は 1 行。』），細田高廣著，三才 Books 出版，2019 年

- 《井深大：因自由豁達而愉快　我的履歷》（暫譯，原書名『井深大　自由闊達にして愉快なる　私の履歴書』），井深大著，日本經濟新聞出版，2012 年

- 《從 0 到 1：打開世界運作的未知祕密，在意想不到之處發現價值》（*Zero to One*），彼得・提爾（Peter Thiel）、布萊克・馬斯特（Break Masters）合著，繁體中文版由天下雜誌出版。日文譯本『ゼロ・トゥ・ワン　君はゼロから何を生み出せるか』，關美和譯，NHK 出版，2014 年

- 《我沒時間討厭你：香奈兒的孤傲與顛世》（*L'allure de Chanel*），保羅・莫朗（Paul Morand）著，繁體中文版由麥田出版。日文譯本『シャネル　人生を語る』，山田登世子譯，中央公論新社，2007 年

- 《香奈兒：最強品牌的祕密》（暫譯，原書名『シャネル　最強ブランドの秘密』），山田登世子著，朝日新聞社，2008 年

- 《關於跑步，我說的其實是……》，村上春樹著，繁體中文版由時報文化出版。原書名『走ることについて語るときに僕の語ること』，文藝春秋，2007 年

- 《夢十夜 其他兩篇》（暫譯，原書名『夢十夜　他二篇』），夏目漱石著，岩波文庫，1986 年

- 《雲霄飛車為何會倒退嚕？創意、行動、決斷力，日本環球影城谷底重生之路》，森岡毅著，繁體中文版由麥浩斯出版。原書名『USJ のジェットコースターはなぜ後

ろ向きに走ったのか？』，角川書店出版，2014 年

- 《策略就像一本故事書：爲什麼策略會議都沒有人在報告策略？》，楠木建著，繁體中文版由中國生產力中心出版。原書名『ストーリーとしての競爭戰略 優れた戰略の條件』，東洋經濟新報社，2010 年

- 《理念與利益：對顧客約定是創造最大獲利的原因》（暫譯，原書名『理念と利益：顧客への約束が最も大きな利益を生み出す理由』），笠松良著，DesignEgg，2021 年

- 《提問的設計：運用引導學，找出對的課題，開啓有意義的對話》，安齋勇樹、塩瀨隆之合著，繁體中文版由經濟新潮社出版。原書名『問いのデザイン 創造的対話のファシリテーション』，學藝出版社，2020 年

- 《從「創業者」觀點閱讀成衣發展全史》（暫譯，原書名『「イノベーター」で読むアパレル全史』），中野香織著，日本實業出版社，2020 年

- 《創意，從無到有》（*A Technique for Producing Ideas*），楊傑美（James Webb Young）著，繁體中文版由經濟新潮社出版。日文譯本『アイデアのつくり方』，今井茂雄譯，竹内均解，CCC Media House，1988 年

- 《ecute 故事：我們的站內專案》（暫譯，原書名『ecute 物語 私たちのエキナカプロジェクト』），JR 東日本 Station Retailing 鎌田由美子、社員合著，Kanki 出版，2007 年

- 《艾倫·凱》（暫譯，原書名 *Alan Kay*），艾倫·凱（Alan Curtis Kay）著。日文譯本『アラン・ケイ』，鶴岡雄二譯，濱野保樹監修，ASCII 出版，1992 年

- 《先問，爲什麼？：顛覆慣性思考的黃金圈理論，啓動你的感召領導力》（*Start with Why*），賽門·西奈克（Simon Sinek）著，繁體中文版由天下雜誌出版。日文譯本『WHY から始めよ！インスパイア型リーダーはここが違う』，栗木さつき譯，日本經濟新聞出版，2012 年

- 《創新的用途理論：掌握消費者選擇，創新不必碰運氣》（*Competing Against Luck: The Story of Innovation and Customer Choice, Includes Companion*），克雷頓·克里斯汀生（Clayton M. Christensen）、泰迪·霍爾（Taddy Hall）、凱倫·狄倫（Karen Dillon）、大衛·鄧肯（David S. Duncan）合著，繁體中文版由天下雜誌出版。日文譯本『ジョブ理論 イノベーションを予測可能にする消費のメカニズム』，依田光江譯，HarperCollins Japan，2017 年

- 《史丹佛最強創業成眞四堂課：矽谷創業推手教你以最少資源開創最大志業》（*Insight Out: Get Ideas Out of Your Head and into the World*），婷娜·希莉格（Tina Seelig）著，繁體中文版由遠流出版。日文譯本『スタンフォード大学 夢をかなえる集中講義』，高遠裕子譯，CCC Media House，2016 年

- 《影響他人購買、投票與決策的 6 大成功關鍵：哈佛、史丹福學者教你運用黏性法則，達成你的目標！》（*Made to Stick: Why Some Ideas Survive and Others Die*），奇普·希思（Chip Heath）、丹·希思（Dan Heath）合著，繁體中文版由柿子文化出版。日文譯本『アイデアのちから』，飯岡美紀譯，日經 BP，2008 年

- 《啓動世界的二十一篇演說：對你而言，「正確的事」是什麼？》（暫譯，原書名 *21*

Speeches That Shaped Our World: The people and ideas that changed the way we think），克里斯 ‧ 阿伯特（Chris Abbott）著。日文譯本『世界を動かした 21 の演説：あなたにとって「正しいこと」とは何か』，清川幸美譯，英治出版，2011 年

- 《生存之道：對人而言最重要的事》，稻盛和夫著，繁體中文版由天下雜誌出版。原書名『生き方 人間として一番大切なこと』，Sunmark，2004 年
- 《目的經營：從三十年後的觀點理解現在》（暫譯，原書名『パーパス経営 30 年先の視点から現在を捉える』），名和高司著，東洋經濟新報社，2021 年
- 論文〈制訂策略時，創意構想不可或缺〉（暫譯，原名 Strategy Needs Creativity），作者亞當 ‧ 布蘭登伯格（Adam Maurice Brandenburger）。日文篇名「戦略の策定には創造的発想が欠かせない」，有賀裕子譯。*DIAMOND Harvard Business Review*，2019 年 8 月號，Diamond 社
- 論文〈你解決的是真正的問題嗎？〉（暫譯，原名 Are You Solving the Right Problems?），作者湯馬斯‧維戴爾－維德斯伯（Thomas Wedell-Wedellsborg）。日文篇名「そもそも解決すべきは本当にその問題なのか」，Scofield 素子譯，*DIAMOND Harvard Business Review*，2018 年 2 月號，Diamond 社
- 《同義詞國語辭典》（暫譯，原書名『類語国語辞典』），大野晋、濱西正人著，角川書店，1985 年
- 《〔案例解說〕現代修辭辭典》（暫譯，原書名『〔例解〕現代レトリック事典』），瀨戶賢一、宮畑一範、小倉雅明編著，大修館書店，2022 年）

* UNIQLO, About LifeWear
  https://www.uniqlo.com/jp/ja/contents/lifewear/philosophy/
* DesignStudio, Airbnb CREATING THE WORLD'S FIRST COMMUNITY DRIVEN SUPERBRAND
  https://design.studio/work/air-bnb
* What makes Airbnb, Airbnb
  https://news.airbnb.com/what-makes-airbnb-airbnb/
* EVERLANE
  https://www.everlane.com/about
* SEA BREEZE 一百二十年的歷史
  https://www.seabreezeweb.com/study/
* 佛生山町人旅館（仏生山まちぐるみ旅館）
  https://machiyado.jp/find-machiyado/busshozan.html
* Reuters: Amazon.com takes Kindle global 2009 年 10 月 7 日
  https://jp.reuters.com/article/us-amazon/amazon-com-takes-Kindle-global-idUSTRE5960K820091007
* XD 2018 年 4 月〈「食材送到後並非結束」之後的滿意度才重要」Oisix 長年受到喜愛的服務的因應策略〉（「食材を届けて終わりではなく、その先の満足が重要」Oisix の愛され続けるサービスへの取り組み）
  https://exp-d.com/interview/1216/
* Agenda note 2018 年 7 月〈從 RIZAP、P&G、風倍清案例中學習、創造市場的方法（RIZAP、P&G「ファブリーズ」に学ぶ、市場創造の方法）
  https://agenda-note.com/brands/detail/id=321&pno=1
* Billboard Japan〈YouTube 頻道 THE FIRST TAKE 帶給排行榜的影響是什麼呢？〉（『YouTube チャンネル「THE FIRST TAKE」がチャートに与えた影響とは』）
  https://www.billboard-japan.com/special/detail/3066
* *BUSINESS INSIDER* 2018 年 3 月〈伊隆・馬斯克論述關於地球未來的十二件事〉（『イーロン・マスクが地球の未来について語った 12 のこと』）
  https://www.businessinsider.jp/post-163319
* ENGLISH SPEECH | ELON MUSK: Think Big & Dream Even Bigger(English Subtitles)
  https://www.youtube.com/watch?v=BDIRabVP24o&t=1s
* 豐田汽車的哲學（Toyota Philosophy）（トヨタフィロソフィー）
  https://global.toyota/jp/company/vision-and-philosophy/philosophy/
* 朝日新聞 Digital 2019 年 1 月〈「讓性存在於公開平台」，TENGA 的挑戰①〉（朝日新聞デジタル 2019 年 1 月『「性を表通りに」、TENGA の挑戦①』）
  https://www.asahi.com/articles/ASM1D2TVMM1DULZU001.html
* 森大廈的綜合震災因應對策（森ビルの総合震災対策）
  https://www.mori.co.jp/urban_design/img/safety_pamphlet.pdf

- 山葉發動機集團　企業理念（ヤマハ発動機グループ　企業理念）
  https://global.yamaha-motor.com/jp/profile/philosophy/
- 家電 Watch〈就是想知道的家電新技術：夏普水波爐 Healsio Pro〉(『そこが知りたい家電の新技術 シャープ ウォーターオーブン「ヘルシオ Pro」』)
  https://kaden.watch.impress.co.jp/cda/column/2006/10/04/16.html
- *Forbes JAPAN* 2017 年 1 月〈宅配到府不只是單純的運送業而已！雅瑪多控股公司（Yamato Holdings）山內社長〉(『宅急便は単なる運送業にあらず！ ヤマトホールディングス　山内社長』)
  https://forbesjapan.com/articles/detail/14742/2/1/1
- *AdAge* 2012 年 1 月〈開特力：贏在體內〉（GATORADE: WIN FROM WITHIN）
  https://adage.com/creativity/work/win-within/25737
- *IKEUCHI ORGANIC* 2023 年 2 月〈正是因爲不一樣，才能做到有機。享受每年不同觸感的棉質毛巾 Cotton Nouveau〉(『違いがあってこそ、オーガニック。その年々のコットンの風合いを愉しむタオル「コットンヌーボー」』)
  https://www.ikeuchi.org/magazine/cottonnouveau/
- THE MARKETING SOCIETY, HOW RIHANNA'S FENTY BEAUTY DELIVERED 'BEAUTY FOR ALL'
  https://www.marketingsociety.com/think-piece/how-rihannas-fenty-beauty-delivered-beauty-all
- 旭山動物園歷史・14 張寫生（旭山動物園ヒストリー・14 枚のスケッチ）
  https://www.city.asahikawa.hokkaido.jp/asahiyamazoo/2200/p008762.html
- Mericari 的三大價值與對於用詞的堅持（メルカリの 3 つのバリューとワーディングへのこだわり）
  https://mercan.mercari.com/articles/2016-05-13-112843/
- Mobility Technologies（MoT）公司建構 MVV（使命〔Mission〕、願景〔Vision〕、價值〔Value〕）的來時路：MoT4WHEELS 從無到有的過程（MoT の MVV ができるまで〜 MoT4WHEELS に込めた想い〜）
  https://now.mo-t.com/n/n99c902f9eb10

異常數值才最能發揮價值

在撰寫本書之際，有三件事情我牢記在心裡。

第一個是，盡可能用理論的方式解說，如何用「靈光乍現」的一句話就能建立起完整的概念。第二個是，不會透過抽象理論混水摸魚，而是提供能從明天就開始使用的具體框架。接著，第三個是涵蓋從構想到表現的一連串流程。

所有的內容都提高了重現度，都是爲了盡可能地讓更多人體會到「我寫出來啦！」這樣的成就感。由於這是爲了實踐所撰寫的教科書，因此最後也請讓我老實地表達這本書的極限。

如果依照本書的步驟按部就班，以理論思考商務課題，應該是可以寫出即使公開發表也不會丟臉的概念內容。但很遺憾的是，光是這樣，仍不足以寫出能爲社會帶來重大意義的概念。反過來說，要能最大程度發揮框架具備的理論能力，必須擁有超越理論的「異常數值」。

請回顧一下在本書提到的概念內容。夢想能讓人類在多顆星球上生活的那天到來，爲此所製造出的可再生火箭。在認爲電腦就是龐然大物的時代中，浮現的是連小孩都能使用的個人電腦。讓空房間也能成爲成爲住宿點，並號召在全世界都建立起屬於自己的歸宿的新創公司。將業界一心想要隱藏的黑暗變得透明，甚至將原價和工廠生產過程等所有詳情都公諸於世的服裝企業。

當成範本所舉例的商業概念原案，不論哪一個，最一開始都是讓周圍人驚訝、目瞪口呆、激怒，但正因如此才能創造出好像

會被擊潰的「糟糕」構想。本書解說的方法論，像是馴服怪獸般的韁繩。甚至連跳脫常識的創意，透過建立框架的效果，都很有可能完成一個具有魅力的概念。

因此，在撰寫概念之際，請不要陷入那些大道理之中。從最一開始就去意識到符合框架，按部就班地想出四平八穩的答案，而蜷縮不敢跨出，只做出小格局的結論的話，不論再怎麼練習，最終都只會變成平凡的概念。拋開世人都認同的大道理，希望你能為真正發自內心的少數聲音發聲。

不論是多麼幸運的人，對於現代生活與社會應該或多或少都會有「憤怒」的情緒。甚至抱著「要是能成為這樣的未來就好了」的這種「妄想」也說不定。或者，我真的是超愛這個的！之類的「偏愛」，難道不是隱藏在內心深處嗎？憤怒、妄想，甚至是偏愛，將這些在日常商業活動中只會被當成是雜念的個人情感，寫在白紙上吧。並列的詞彙，就是創造新商機的稀缺資源。或許會被周遭的人認為是怪人，你也可能會因而躊躇，但無疑地這才是新價值潛藏之所在。

緊咬著商務人士所流行的主題是我最喜歡的題目。例如Society 5.0、6.0、7.0，還有 WEB2.0、3.0、4.0、5.0 等等，未來應該會愈來愈多吧。因為可以體驗到只要多賦予一個數字，就有稱霸時代的感覺。AI、量子電腦、大數據、DX、區塊鏈、CSR、ESG、SDGs 之類的新詞彙也是不間斷地推陳出新吧。光是那些只要說出口，就能證明自己是走在時代尖端的詞彙，這樣的需求從不會間斷。

但是，這樣的流行語終究只是為了評論家或投資者這類，在外圍領域的人而存在的名詞。對於在第一線創造價值的人們而言，即使是表現出配合流行的態度，也不會隨之起舞。而是主動提出對於新生活或新社會的具體構想，也就是概念。在誰都尚未能化為文字之際，儘管尚嫌粗糙，也都是盡可能用自己理解的詞

彙表現。至少我所遇到的價值創造者們都是如此。

比起批評的詞彙，或是不懂裝懂的詞彙，希望這個世界上更多的是，由創作者為製造而創造的新詞彙。為了這個目的，即使是一點點也好，衷心希望本書能帶來些許影響。非常感謝仔細閱讀到長篇書籍最後的最後的各位讀者。當你闔上這本書之後，剩下的就是寫出來而已。期待未來有一天能和各位所提出的概念，或是在生活裡的何處相遇。

本書最終能夠問世，是拜諸多人士的支持所賜。首先是從學生時期就一直認識至今的古屋莊太先生。總有一天要寫出來的這本書，能夠像這樣送達到各位手中，是受到他毫不遲疑的行動力所賜。天田卓良先生是透過培訓課程的開發，特別是在洞察方面提供重要觀點的人物。很幸運的，從最一開始就願意仔細聽我闡述企畫想法的是鑽石出版社（Diamond Inc.）的市川有人先生。成功製作出多部暢銷作品的市川先生的構思法，自然地成為本書中的一部分。同樣是鑽石出版社的宮﨑桃子女士，不只是到最後成品階段都給予十分周全地引導，在本書內容較弱的部分，也給予相當重要的指教。其他還有諸多商務人士的影響，以及家人提供的協助，本書才能完成。再次表達感謝。

細田高廣

圖表索引

國家圖書館出版品預行編目 (CIP) 資料

從概念開始：為產品、服務、企畫、行銷生成新價值的方法
/ 細田高廣著；周芷羽譯 . -- 初版 . -- 臺北市：經濟新潮社
出版：英屬蓋曼群島商家庭傳媒股份有限公司城邦分公司
發行, 2024.11

288 面 ;14.8X21 公分 . -- (經營管理 ; 189)

譯自：コンセプトの教科書：あたらしい価値のつくりか
た (The concept making)

ISBN 978-626-7195-78-9（平裝）

1.CST: 創造性思考 2.CST: 思維方法

176.4   113015399